张元济家书

张元济 著

韩芳 编

中华工商联合出版社

图书在版编目（CIP）数据

张元济家书 / 张元济著 ； 韩芳编 . -- 北京 : 中华工商联合出版社， 2018.10

ISBN 978-7-5158-2415-4

Ⅰ . ①张… Ⅱ . ①张… ②韩… Ⅲ . ①张元济（1867-1959） - 书信集 Ⅳ . ① K825.42

中国版本图书馆 CIP 数据核字 (2018) 第 195759 号

张元济家书

作　　者：张元济
编　　者：韩　芳
责任编辑：吕　莺
封面设计：天下书装
责任审读：李　征
责任印制：迈致红
出版发行：中华工商联合出版社有限责任公司
印　　刷：河北鸿祥信彩印刷有限公司
版　　次：2019 年 3 月第 1 版
印　　次：2019 年 3 月第 1 次印制
开　　本：880mm×1230mm　1/16
字　　数：140 千字　　图：103 幅
印　　张：14.5
书　　号：ISBN 978-7-5158-2415-4
定　　价：68.00 元

服务热线：010 - 58301130
销售热线：010 - 58302813
地址邮编：北京市西城区西环广场A座
　　　　　19-20 层，100044
http:// www.chgslcbs.cn
E-mail：cicap1202@sina.com（营销中心）
E-mail：gslzbs@sina.com（总编室）

工商联版图书
版权所有　　侵权必究

凡本社图书出现印装质量问题，请与印务部联系。
联系电话：010 - 58302915

张元济手书对联：数百年旧家无非积德，第一件好事还是读书。

目 录

第三辑　致姻亲

序

张人凤

　　名人家书集，历来是文学著作中颇受读者喜爱的门类之一。家书是作者最近于第一手（稍次于日记）的记载，从家庭琐事、日常见闻，到社会经历、对事物的看法见解，方方面面，包罗繁多，而读者除了欣赏作者的文笔之外，更可以由此了解人物的品格、思想，乃至价值观和人生观。书信中对小辈的教诲，还具有更为广泛和深刻的意义。改革开放四十年来，学术界、出版界对我的祖父张元济先生的研究步步深入，取得了重大进展和丰硕成果。四十年来，他本人著作和传记、年谱、画传、研究论文集的出版，可称蔚为壮观。韩芳女士数历寒暑，不仅收集了张元济先生的家书，还对其中人物之间的关系作了严密的考订，并增加了许多背景材料，使这些一件件看似孤立的信件，构成了一本有一定系统的书籍。它既可以看作是一本家书类的普及读物，也同样应该视为张元济研究有独特视角的一项成果。

　　由于一些客观原因，譬如我们家人丁稀少，祖父和我的父亲父子两代52年间一直生活在一起，这就很少存在留有家书的空间。书中1931年父亲去美国留学前夕，祖父给他写的《旅学弦韦》，从卫生健康、读书研习，到朋友交往、开支节俭等几乎全方位地做了谆谆教导，既是对儿辈的教诲，也是他本人为人处世方式的写照，是可以和他1948年创作的广为流传的《新治家格言》相并列的一篇佳作。

　　这部家书集编入祖父致海盐张氏族人的信最多。祖父14岁时，随同曾祖母从他的出生地广州返回故里，苦读诗书。彼时，我国古代传承下来的"聚族而居"的社会形态在家乡并未有所改变，因此，在他年轻的心灵中，"敬宗睦族"始终是一种崇高的精神境界。待成名之后，便约集族中长辈和堂兄弟辈，编辑宗谱、修缮宗祠，还出资创建了海盐张氏公墓，力图改变落后的丧葬习俗。

这些工作在书信中有不少记载。抗战八年，带来了社会生态很大变化，胜利后，祖父与族中亲戚仍有往来。记得我幼年时，见过其中辈分最高的长者幼仪太太（张德培），他是祖父的叔辈，我自然应该称他为"太太"（海盐人用语习惯，即"太公"之意）。幼仪太太个子不高，但很壮实，尽管那时他年事已高，但步履矫健，话音响亮。他是一个办实事之人，在海盐有实业，与人合伙开办轮船公司，所以常说他"有半条船"，我当时一直不理解这"半条船"怎么能在水上行驶呢？

本书还收集到80多件祖父给他堂侄张家昌的信。家昌伯父毕业于交通大学机械专科，在商务印书馆任庶务，商务老人说凡是他经手的基建或设备项目质量都属上乘，经久耐用。这批信大部分书于1950年代初祖父患中风以后，因家昌伯父任庶务，与水电维修商家熟识，家里凡有这类事情，祖父就去信找他。其中1951年9月21日至28日四信提到的电钟，是祖父病后特地买来挂在他病床对面，目的是使他能看清钟点，下午让他的护理工按时到我上学的小学把我接回家。本世纪初，家昌伯父的长子声远堂兄，得知我在编《张元济全集》，就把这些信件带来给我看，我如获至宝，抄录下来，对其中一部分作了书写年份的考订后编入了《全集》。后来声远、声荣堂兄决定将这批信件捐赠给家乡海盐的张元济图书馆。该馆设有张元济著作和研究资料的专柜，但今天要收集到张元济先生的手迹，谈何容易！他们为此专门举行了捐赠仪式，并予以珍藏。

本书信集的第三部分为致姻亲，"姻亲"，顾名思义，是由婚姻关系结成的亲戚。其中很珍贵的一件，是吾鸿墀太老伯1937年给祖父的信及祖父在信上的批注。这封信包含了许多历史信息。吾太老伯是祖父原配吾氏祖母之弟，吾氏祖母早年难产亡故，但张吾两家的戚谊继续保持，抗战前夕，吾太老伯的夫人病重，祖父从上海去海盐探望，特地请了医师同往诊治。信中"小孙用福"系吾太老伯的长孙，后来在商务谋职事未果，便由我父亲介绍他去银行工作。用福表兄为人厚道、勤奋，工作上进步很快，却不幸英年早逝，我听父母多次说起此事，他们都为之扼腕。"八一三"事变爆发，日军炮火毁去海盐县城大半，祖父再也没有回过家乡，与吾家的交往也中止了。半个世纪之后，海盐县人民政府在上海举行海盐籍人士联谊座谈会，父亲在签到时听见一旁有人叫他"树年叔"，问询之下，原来是用福的二弟鼎新表兄，从此两家世谊又得接续。又得悉用福的三弟用明表兄主持上海市杨浦区教育工作，我有幸与他在同一个系统工作，联系更多。在家乡海盐前后举办过五次纪念张元济先生的学术研讨会，用明表兄都应邀参加，带去了论文，发表在会后出版的论文集上。

《张元济家书》即将付梓，韩芳女士嘱为之序，谨书数行，以抒感怀，也希望我中华文化中，名人家书结集出版，既记载历史，又示谕后人的优良传统得以持续。

2018年7月于上海

出版说明

　　张元济先生一生经历了中国社会从传统向现代转型的大变革时期，身处新旧、中西文化不断碰撞与融合的浪潮之中，顺应历史、与时俱进，兼而有多重身份，但公认以出版家、编辑家为归宿。他五十余年致力于商务印书馆的文化教育出版事业，使得商务印书馆成为人们心目中的出版重镇。

　　张元济先生的手书联语"数百年旧家无非积德，第一件好事还是读书"，悬挂在商务印书馆的楼厅旁，其表达的固然是读书对于整个社会、民族的重要性，但将读书与积德二者并举的内在逻辑，实际上与海盐张氏家族的家训"吾宗张氏，世业耕读。愿我子孙，善守勿替。匪学何立，匪书何习。继之以勤，圣贤可及"有异曲同工之妙。这或许是深层理解张元济先生铸就书林伟业的钥匙。集中呈现以张元济先生为代表的海盐张氏家族家风，即编辑和整理本书的出发点。

　　为方便读者阅读和理解，现将编辑和整理过程中的问题择要说明如下：

　　一、本书辑录了《张元济全集》（下面简称《全集》）书信卷（即第一、二、三卷）中的家书，在尽量编入的前提下，酌情有少量删减。此外，还编入了《文心事象——张元济后人捐赠文物图录》《上海图书馆藏张元济文献及研究》《上海图书馆藏张元济往来信札》中具有代表性的几件家书。

　　二、全书根据收信人与张元济的亲属关系分为三辑，即致子孙、致族人、致姻亲。同一辑中按收信人的辈分及与张元济的亲疏关系排序。同一收信人的信件按写寄时间先后排序，时间不可考者置于该收信人的最末。

　　三、信后标有"注"字部分为《全集》编者张人凤先生所注。页下注为本书编者所注。

　　四、因为本书大多数书信录自《全集》，所以书信书写时间的表示方式均依《全集》。现将张人凤先生所拟三种表示方式照录如下，在按原件照录的前提下：

（1）1911年以前采用皇帝年号及阴历月日，均用汉字数字表示。如原信不署书写年份而编者（张人凤先生，下同）能考订者，在原有阴历月日以下用括号、阿拉伯数字表示公元年份和阳历月日，并注明考订依据。（2）1912年至1949年，依照张元济的习惯，都采用民国纪年及阳历月日。本书（《全集》，下同）一律用汉字数字表示。若原件有"民国"字样，照录；原无"民国"字样，亦不另加注明。如原件不署书写年份而编者能考订者，用括号、阿拉伯数字在原月、日前加注公元年份，并在信末注明考订依据。（3）1949年10月1日以后，原件一般都用公元纪年、阳历月日。本书采用汉字数字表示。如原件不署书写年份而编者能考订者，用括号、阿拉伯数字在原署月、日前加注公元年份，并在信末注明考订依据。

五、信中无法辨识之字，用□表示。信中极少数明显错、衍、讹、漏字，用[ ]在旁边标注纠正的文字。此外，为保留历史文献的原真性，尊重作者的语言风格和用词习惯，个别异体字、古字或通假字不作改动。

六、书信正文中有缩小字号者，有同一行中上下小字并行排列者，有加着重号者，均为还原作者手迹面貌。

限于编者水平，书中难免错误和不妥之处，望读者不吝指正。

编者

2018年7月于北京

第一辑 致子孙

1937年，张元济71岁坐像。

张元济（1867—1959），字筱斋，号菊生，浙江海盐人。清光绪壬辰年（1892）进士，授翰林院庶吉士，曾任刑部主事、总理各国事务衙门章京。因积极参与戊戌维新被革职，后到上海南洋公学主持译书院工作。1903年年初入商务印书馆，创立编译所，主持编纂教科书、工具书，大量引进西学名著，主持校刊影印《四部丛刊》《百衲本二十四史》等大型古籍，把商务印书馆从一家小型印刷作坊发展成为民国时期集编辑、印刷、发行于一体的现代出版企业。他先后担任商务印书馆经理、监理和董事长。1948年当选为首届中央研究院院士。1949年以后任全国政协委员、全国人大代表和上海市文史研究馆馆长等职。

1889年冬天，张元济与海盐吾乃昌之女完婚，不幸的是，1892年春，吾氏夫人因难产而亡。1895年，续娶军机大臣、兵部尚书许庚身幼女许子宜为妻，育有一子一女。

因特殊时代的缘故，张元济致其直系亲属的信件大多没有保留下来，本辑收录了张元济写给儿孙等的书信仅十封。从这些仅存的信件中，可以看出他对家人生活、事业的关怀入微和严格要求。

1954年8月20日，张元济全家合影。前排张元济，后排左起：张珑、张树年、葛昌琳、张人凤。

许子宜与张树年合影，摄于上海极司菲而路老宅后花园。

祖孙三代（张元济、张树年、张人凤）在上方花园寓所，摄于1947年。

致张树年[1]

旅学弦韦

一

英儿收阅：汝生二十五年，从未远违父母，今将远适异国，离家庭而入社会，且为习惯不同、性情不同之社会，我殊难放怀，故书此数纸，以为汝教。

一、关于身体者：

饮食最宜小心，勿酿成肠胃病。

凡未吃惯之物，最好不吃。

华人饮食店，多欠清洁。其所售生冷之物不宜吃。

美国人好饮冰水，最伤齿，宜忌之。

齿病最多，每半年请医生检验一次。

如旅行，不可过劳。登山临水，宜谨慎。

运动不可少，剧烈者宜避之。

一有疾病，宜速就医诊治，切勿耽延。

身体为万事之本。若不强健，虽有学问，无益也。

二、关于学问者：

勿贪多，宜深造。

勿求速成，宜熟习。

多到图书馆看书。

不易购之书，遇有后来需用者，宜随时抄录，记明某家某年出版，某书第几叶。

同科同学，有用功者，宜亲近，常相讨论。

本科教习，如有机会，最好常常亲近，多多请教。

指定为学生顾问之教习，更宜常往请教。除教习本人表示不愿外，不必谓他人不往，我亦不往。

如认为必须入大商店或银行实习者，我旧友Plimpton[2]，Roberts，Morrow及此次各人所介绍之辈，如平日见面亲热、意肯帮助者，可以申说己意，看其如何答复。

---

1 张树年（1907—2004），字仲木，小名英，张元济之子。上海圣约翰大学经济学系毕业。1931年留学美国，获纽约大学经济学硕士。金融工作者，上海市文史研究馆馆员。

2 勃林姆登（Plimpton），美国金恩出版公司总经理，1920年3月曾偕夫人到上海商务印书馆参观访问，张元济与商务同人接待，并商谈合作、订约事。张树年在留美期间与之交往，并曾去勃林姆登家拜访。

果允相助，到时再行请求。如须我或原介绍人写信，即来信通知。

三、关于交友者：

无论同国人非同国人，均宜慎加选择，勿滥交。

待人宜谦和，勿稍形骄傲。我生平犯此二字之病，汝宜戒之。

好冶游之人，必须远之。如有人邀往妓院或舞场等处，亟宜婉言谢绝。中国贫弱，为人所鄙。学生不知自爱，更为辱国。

喜挥霍之人，切不可交。终必受其累。

异国之人，性情不同、习俗不同，初交之时，一切均宜审慎。

既为友朋，相知已深，见其举动有不是处，宜忠告善导。如至再至三不肯听从，以后即宜渐渐疏远。

遇外国妇女，礼貌最宜讲究，切勿稍涉狎昵。

中西风俗不同，男女交际难得恰当。与其贻诮失礼，毋宁勿与为友。

四、关于用财者：

我平生不肯滥用钱，且可省即省，故此时不至于空乏。深望汝知此意。

此时金贵银贱，切戒奢侈，但亦不宜过于刻苦。

总之当用则用，可省则省。

到美国一两月后，诸事略有头绪，应先造一预算表寄我。

遇友朋借贷，察其实系正用，且有迫不及待者，宜酌量通融，宁紧毋滥。

犒赏之事极宜斟酌，须用得其当，保持学生身分，不可从丰。

五、其他各事：

每半个月寄家信一次，至亲好友，每年宜通问一两次。

随时将功课报告与我。

存钱将罄，两月前来信通知。银行透支之款，非不得已时，不用最好。

二十年八月十六日　父字

二

英儿如见：昨日盼信未到，奉新华华君电告，曾通电话，知汝到山安好。传孙于昨日下葬，为之稍慰[1]。今日得十一日夜所发信，已悉。邮票虽贴三角，信封无

---

[1] 1937年年初张元济的儿媳葛昌琳生下一子。张元济为他取名作"传"，取"七十曰老而传"之义。但不幸的是同年7月10日孩子于庐山宅中夭折。

纽约大学（New York University），张树年曾在此留学。
纽约大学创立于1831年，是一所坐落于纽约中心地带的世
界顶尖名校。（张人凤摄）

"航空"字样，故仍照平信于今晨始到。媳妇及龙孙[1]有无传染？务须详细检验，及早医治，是为至要。汝与媳妇务须勉强镇制，勿重我忧。龙孙不知哭过他弟弟几场？汝二人切勿悲伤，使龙孙再受惊恐。我腰痛今日完全恢复，如平常一样，眼病亦愈，但灯下仍不看书，汝可勿念。十二日起，天阴转凉，人甚舒适。前日汝兼代买安神药片一种，云可作食品，兼有补益功效，即日（十二日下午）作航空快寄，想十三日傍晚必可递到。我于包皮纸上注明"早半片，午半片，晚一片，用温开水溶化，可代汤吃，但不可在火上燉。"想已见及。又发顺[2]十一到，云工资五十元未付，媳妇属伊来沪领取。我即开支票，令赴新华支取。渠于十二回海盐。王志莘信，我已写好，兹寄去，汝阅看后可留底再递[3]。龙孙旧师葛女士如拟再请，可即来信，我当往访。传孙墓地可立一小碑，我于下次信写好附去。

父字 （1937年）七月十四日

少奶奶[4]同阅：修钟三座，想已到期。其收条放在何处？望来信说明，我可往取。修理费记汝告我系十五元，已付或未付？亦来信说明。

源哥名下烟公司股票此次利息有一百五十元。源哥存户为何名？亦来信，我将托华君代收。

注 张树年注：十六到，十七复。原信未署年份。第二至七信，均为1937年张元济长孙于庐山夭折后所写。

三

英儿如见：十四日得汝到山之信，即复一函，附与王志莘一信，由航空寄去，计算十六日汝当有复信。今已十九日，尚未见到，记挂万分。十五日回电报知龙孙感冒已愈，为之稍慰。汝身体如何？少奶奶尚能支持否？看得开否？十二日寄去汝兼[5]交来安神补片一小瓶，航空快寄，想早收到。已服用否？今晨我念汝万分，发

---

1 即张元济孙女张珑。

2 姓朱，海盐农民，当时是张家花园园丁。

3 1937年7月12日，张元济致王志莘信即代张树年向其提出辞职，以便长期留居庐山照应葛昌琳母女。张元济让张树年辞新华银行职、留居庐山的意见不切实际，张树年未听从，请假若干时日后，冒着日本侵略军封锁吴淞口的危险，乘船返回上海，按时到行上班。王志莘（1896—1957），原名允令，上海市人。金融家、教育家、中国证券市场建设的先行者。1937年时任新华信托储蓄银行总经理。

4 即葛昌琳。

5 即沈谦（1895—1977），沈钧儒子，德国医学博士，其妻为海盐张氏族人。时常为张元济诊病。

去一电，想今晚可有回电矣。以后望汝隔日寄我一信。汝如不耐，可属龙孙写数行来，以慰我远念。汝姑[1]闻传孙凶信，于十五日来沪看我。当晚身热腹泻，即招遂方[2]诊治，现已痊愈。我身体亦好，眠食如常，可勿念。上海天气自十二日起，甚凉快。今日稍热，然亦不过八十五度[3]。昨日范海碧[4]君有信致我，当以电话答谢。汝兄[5]有三信来，云已有信到山。浙江兴业银行来信，由汝转交万莹记，想系存款报告，应送何处，抑留在家中？望来信复我。王志莘尚在上海，我想往访。汝事应如何说法？速复我。北方事机甚恶，恐为东三省之续。余不多述，一切谨慎自爱。少奶奶同阅。已验身体否？龙孙健否？此信到后，即以飞机信复我，至要至要。

父字 （1937年）七月十九日下午

王岫庐在山上[6]，曾见否？闻明日可到上海。

注 张树年注：廿日到。

---

1 即张元淑（1869—1944），张元济妹妹。

2 即张树敏之夫孙遂方（1897—1962），字萝庵，安徽寿县人。1921年赴法专攻医学及法医学，获巴黎大学医学博士学位。1929年归国。我国早期法医学家之一，与张养吾合著有《中国法医学史》。1937年战事既起，张树敏随夫赴武昌，张元济有《赠萝庵贤婿》诗。

3 张元济家中习惯用华氏温度。

4 美国人，张树年留美时结识的朋友。

5 即张元济侄子张树源。

6 1937年"卢沟桥事变"前夕，民族危机日益严重，救亡图存已成全国一致的呼声，中国国民党中央政治会议为了表示"团结各方、共赴国难"，决定邀请各党各派及无党无派人士分批在庐山开谈话会，听取各方人士对抗日救国的意见。谈话会从1937年6月初开始筹备，到7月16日第一期谈话会召开。王云五以无党派社会贤达的身份参加谈话会。王云五（1888—1979），名鸿桢，号云五，又号岫庐，祖籍广东香山（今中山），生于上海。著名出版家、教育家和政治活动家。1921年后任上海商务印书馆编译所所长、总经理，主持出版了"万有文库""中国文化史丛书""大学丛书""百科小丛书"等大型丛书；发明四角号码检字法，创立中外图书统一分类法。编著有《王云五大辞典》《王云五小辞典》等。

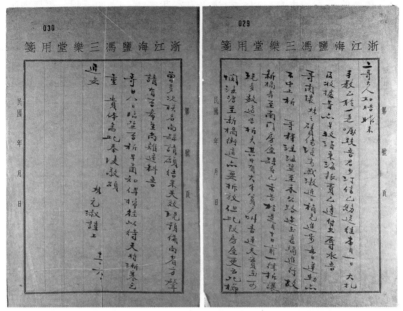

1936年12月6日，张元淑致张元济书信。张元淑长期居住在海盐，张元济有海盐方面的私事，往往托张元淑帮助办理。这封信是唯一存世的兄妹之间的通信，但是否为张元淑的手迹，尚待考证。

四

英儿如见：昨日发一电，晚又寄一航空信，想俱到。今晨得汝十七日来信，知汝与媳妇及龙孙俱好，甚慰。传孙墓碑我已撰好，另纸写出寄去。汝与媳妇阅过寄还，碑石大小汝量准后告我，再按尺寸写就，较为合式。王志莘尚在上海，汝来信云职务暂缓决定，我即不往访矣。时局紧急，然庐山可无危险，长江亦未必阻塞。就使水路不便，尚有浙赣路可通。我意非至九月，龙孙不宜返沪，恐其身体不耐也。但在山中功课却不宜抛荒，仍以半日读书为宜。习字、习算均宜注意。汝与媳妇可分教之。家中应付电灯、自来水等帐，我令祥保查发单，伊云汝均已交新华代付。是否？山上房屋要加油漆否？如需上海买去，可来一信，我当访沈君（其号及住址，我均忘却）。我身体甚好，可勿念。汝与媳妇千万勿忧郁伤身。至要至要。

父字 （1937年）七月二十日

五

英儿如见：昨得汝十七日信，即复一平信，午后又寄汝《独立评论》[1]二本，中有数文甚有价值，我已加○○为记。汝可阅看，将来务要带回。想均已先后递到矣。顷又接汝十九日发航空信，知汝等均好，甚慰。汝意托词媳妇有病，向新华再请假二三星期，自无不可。但至少需五星期后，天气方能转凉，彼时带龙下山，大家才能放心。我意我信代汝辞职，亦不过一种欲擒故纵之手段，料王志莘亦未必答应。由彼慰留，则汝不致受因私废公之诮；如志莘竟能答应，则对汝本甚淡薄，即做下去，亦无甚意思。藉此亦可以作一种测验。汝再细细筹画。总以汝之办法为定可也。王岫庐已回，据云窥测蒋之意思，固甚坚定。但言外之意，非万不得已，不至开仗。我昨信言庐山有两条路可回上海，可不必着急也。叶揆初[2]太太已故，我去送殓。昨日朱姑奶奶做寿，我亦去，片刻即回。我身体甚好。汝姑定后日回盐。汝一切须从远大处着想，兼作退一步想。至属至属。少奶奶均此。

父字　（1937年）七月二十一日

张元济与张珑在牯岭中路118号A别墅之内。

六

英儿如见：廿三日复汝平信一封，想先到。昨及廿四日航空信并附请假信，汝所见甚是，信亦妥，当即送。汝等在山千万强自行乐，支持身体，是为至要。龙近状如何？体重有增否？每日读书写字，尤要在习算。功课不可停顿。源侄误记山居门牌，两次寄汝信均退回。信亦寄来，尚不知传事，故不复寄汝。昨来慰问一信，兹寄汝。上海天气甚正，夜深较凉。我亦甚好。家中无事，可勿念。传墓志写成即寄。龙之女师葛女士下半年拟延请否？望复我。如要我往访，龙可来一信。山地价长涨至何等程度？我处房地现估几何？望探听告我。

父字 （1937年）七月廿六早

七

英儿如见：廿六日寄汝平信一件，想已到。自廿五日接汝信后，至今五日，未接汝信，又甚念矣。王志莘信于二十六日派人送去，已有信复汝否？平津战事甚烈，看来终不能保，以后情形不堪设想[1]。上海尚安静。日人在北方得手，上海或可苟安。我身体甚好，可勿念我。传孙墓铭[2]写好寄去，最好用光石，可以摹印数分带回。前上海市土地局收地税不知已完纳否？望复我。如要用钱，即来信，当由商务支店拨。少奶奶同阅。龙孙近状如何？

父字 （1937年）七月三十日

---

1 "卢沟桥事变"后，日军于1937年7月下旬向北平、天津发动大规模进攻。7月29日至30日，北平、天津相继沦陷。随后，日军即向华北大举进攻。

2 张元济所拟墓铭为："长孙传以民国二十六年一月二十五日生，至七月十日而殇。既葬，系以铭曰：生未半期天遽夺之，瘗汝于斯，长相离兮长相思。浙江海盐张元济志。"

致葛昌琳[1]

　　少奶奶收阅：传孙竟从此不见，我至伤心。我料汝必更难过。然事已如此，汝身体恢复未久，千万自己留心，善自排解。小英来山，我令其留山度夏。汝二人宜互相宽慰，使我放心。我在上海，祥保亦在家，又有许多用人，并无不适，不必挂念我。暑天过后，再带龙孙回沪不迟。千万千万保重身体，至嘱至嘱。

菊生手泐

　　龙孙同阅：汝好好在山，尽心侍奉汝父母。祖父属。

（1937年）七月十一日

　　注　原信未署年份。张元济长孙传1937年7月10日夭折于庐山。

张树年、葛昌琳和张珑，摄于1931年。

1　葛昌琳（1904—2002），浙江平湖人，张元济儿媳。民国著名藏书家、教育家葛嗣浵之女。1926年与张树年结为连理。

庐山别墅正影及小屋，葛昌琳与张珑合影。

张树年、葛昌琳结婚请柬。

1931年，葛昌琳与张珑在极司菲而路
40号花园桥亭合影。

致张珑[1]

前月二十四日，我寄给你一书，收到没有？在我有一信给翦伯赞，附在你信内，由祥保交给你。你复我似说就交去。后来交去，是去看翦先生，还是交给他的用人？至今没有回音。我是一片诚心问他要看那书不要[2]，他竟置之不答。我想他不会冷淡到这样，或是被收信的人遗失掉。你看见他的话，问他一声。不必专诚去问。

我知道李瑞骅被选□□代表晋京开会。至迟在今天动身。他在华东很忙。他是有能力的人，也肯替国家出力。我很看重他。他是值得□的。你同他已有半年的交谊，也应该给他些安慰，对他说几句恭维的［话］。我想他这星期六、日总可到京，想必住在他姊姊家里。这天你可以进城去吗？我托他带了一小包书给你，顺便可以去拿，省得他老远送到你的校舍。郑振铎至今没有信。给那鹿鸣宴的杯盘，如果还没有送去，就可以在星期六□□带进城去，在城内借宿一夜，第二天星期日送到团城。[3]

一九五三年六月四日

1　张珑（1929—　　），张元济孙女。译审。1947年毕业于上海中西女子中学，考入上海圣约翰大学英文系。1951年毕业后在北京大学西方语言文学系教英文。1973年在北京中国建筑技术发展中心（现为中国建筑设计研究院）工作。1982年创办对国外发行的英文刊物《中国建筑》并任主编。出版有《中国皇家园林建筑》等译著四种。著有《水流云在——张元济孙女的自述》等。

2　张元济得知翦伯赞在选编《中国近代史资料丛书》，于1953年5月11日致函曰："日本京都府立图书馆藏有抄本《溃痈流毒》一书，专纪鸦片战争情事。……先生如果需用，弟可提出寄呈台览，谨候示遵。"《溃痈流毒》为中国鸦片战争时期文献汇编，共四册，国内早已失传。日本汉学家内藤虎次郎于1930年10月将此书赠与张元济。翦伯赞（1898—1968），湖南常德人。著名历史学家、社会活动家、教育家，中国马克思主义历史科学的重要奠基人之一。著有《历史哲学教程》《中国史纲》（第一、二卷）《中国史论集》《历史问题论丛》等，主编有《中国史纲要》。

3　鹿鸣宴杯盘为张元济九世祖张惟赤在清初顺治年间得中举人时由省抚颁发。杯盘为银制，杯底蟠龙纹，有"顺治甲午科顺天乡试鹿鸣宴"十二刻字。至1950年代已有三百年历史。1936年，张元济曾将此杯盘送至浙江文献展览会展出。1953年，张元济命张珑带到北京团城文物局办公处转呈郑振铎，与附加的说明文字一起捐献。张惟赤（1615—1676），原名恒，字侗孩，别号螺浮。张奇龄次子，张元济九世祖。著有《退思轩诗集》。

致李瑞骅[1]

瑞骅仁世兄阁下：前闻文从将入京开会。兹有书目一小包，祈乘便带至北京，饬交北京大学孙女张珑，其校舍为业斋一号。费神之至。即颂侍福。

张元济顿首 （1953年）六月一日

注 原信不署书写年份，现据李瑞骅回忆确定。

张珑和李瑞骅结婚照。

张元济与李瑞骅合影，摄于1954年。

---

1 李瑞骅（1924—2009），江苏苏州人，张元济孙婿。1946年毕业于上海交通大学土木工程系。1952年获加拿大多伦多大学硕士学位。回国后，先后担任上海华东设计院、建工部金属结构设计研究所、国家建委建筑科学研究院、中国建筑技术发展研究中心的主任工程师、顾问总工程师、教授级高级工程师，我国金属结构设计研究工作的先行者和带头人。1954年2月5日与张珑结为连理。

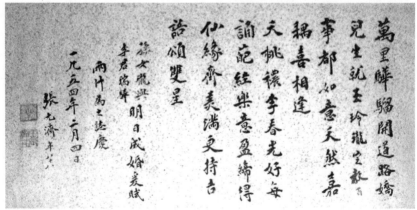

张元济书赠李瑞骅《礼运篇》条幅立轴。

释文：大道之行也，天下为公。选贤与能，讲信修睦。故人不独亲其亲，不独子其子，使老有所终，壮有所用，幼有所长，鳏寡孤独废疾者，皆有所养。男有分，女有归。货恶其弃於地也，不必藏於己；力恶其不出於身也，不必为己。是故谋闭而不兴，盗窃乱贼而不作。故外户而不闭，此与近世所称社会主义最为切近。货恶弃地四句尤为密合。孔子称为大同，而自谦言有志未逮。在二千年以前即已见到，不可谓非先觉之天民。次节接言禹、汤、文、武、成王、周公，历举其种种治术，以为大道既隐，天下为家之证。一则曰大人世及以为礼，再则曰城郭沟池以为固，与前节各语两两对较，一公一私，情节显然。此非封建主义而何？孔子称之曰小康。褒之乎？实贬之也。此更可见吾国古代儒家理想之超与夫持论之正。右录我读书管见一则。质诸瑞骅学者以为何如？希有以教我。一九五三年立冬节日，张元济。

1954年2月4日，张元济为张珑、李瑞骅新婚亲笔所题贺诗两首。

释文：万里骅骝开道路，娇儿生就玉玲珑。定教百事都如意，天然嘉耦喜相逢。天桃秾李春光好，每诵葩经乐意盈。缔得仙缘齐美满，更持吉语颂双星。孙女珑与李君瑞骅明日成婚，爰赋两行，为之志庆。一九五四年二月四日，张元济，年八十八。

第二辑　致族人

1947年7月2日，海盐张氏同族会在上方花园寓所举行。前排左一，张震；左
二，张香池；左四，张人凤；左五，张元济；左六，张德培（幼仪）；后排
左一，张川如；左二，张树年；左三，张家昌；右一，张继基（复兴）。

海盐张氏乃浙西望族，自始祖张九成起，诗书传家，代有学人。张元济出生于广东，14岁随母亲回海盐定居，1892年得中壬辰科进士，后居京任职，在家乡生活的时间虽然仅有12年，但是深受张氏家族家世和家风的影响，这种潜移默化的力量推动他一生为家乡的文化教育事业不遗余力。

　　张元济一生为张氏家族办过三件最为重要的事：一是修族谱，二是建祠堂，三是建公墓，中华民族的敬祖传统在他身上得到很好的继承和发扬。此外，他还关心家乡的文化教育事业和文物古迹保护事业，对重要的海盐地方文献和先贤遗著不惜重金搜求，加以保护或重印，尤其是张氏先祖的著述，先后辑印出版有《海盐张氏涉园丛刻》《海盐张氏涉园丛刻续编》等；与盐邑热心人士一起创建、扶植劝学所，甚至在抗战胜利后，将海盐故宅租借给海盐中学办学，仅收象征性的租金，1950年代更是将此宅捐赠给学校；他还发起修葺海盐胡震亨墓，为民众呈请保护县城民房；等等。

　　本辑收录了张元济致族人的信件共计255封，包括致（族）伯叔祖、（族）伯叔、（族）兄弟、（族）侄和（族）侄孙，内容主要即以上提及的家乡文化教育和文物古迹保护，还有长辈生活、晚辈的培养教育和职业规划等。

毋蹈数典忘祖之弊，游学遂变於夷。家有雇佣，并宜善视；曾侍先代，应以伯叔相尊；若在少年，视如子弟之列。昔为主仆，今同主宾。至若亲故往还，重在礼意；宴会毋及博戏，庆吊弗侈多仪。此为改造旧家庭，更宜适应新社会。四民无分阶级，先除贵贱之见；两性无妨交际，徐宽内外之防。谋互助故尚合群，急公益故重服务。勿谓小人斯劳力，唯工业始足兴邦；勿谓好男不当兵，唯大勇真能卫国。国家有我一分子，民主毋令再落伍。在选举场中，勿为威胁利诱所动；至会议席上，却以心平气和自持。不事党争，尊重对方意见；取决公论，服从多数主张。行动固可自由，必须遵奉国法；信仰各有主义，还当顺应舆情。事在人为，莫言天命。四海皆兄弟，愿世界进於大同；五福攸好德，即禽兽亦当恩及。庸言庸行，窃思勉焉。

《朱柏庐先生治家格言》为世传诵。不揣固陋，揆度时势，补所未备，兼仿其体，撰为斯文，不敢辞狗尾之诮也。

海盐张元济书於沪北寓庐，时年八十又三

张元济手书《新治家格言》四条屏。

新治家格言　为人之道，修身为本。一日之计在於寅，诸宜乘早；七有不堪总由懒，切莫贪闲。体肤毋任染污，汤沐必具；精神务期活泼，运动宜勤。冠服不尚奢华，而容仪不可不饬；饮食不求丰美，而营养不可不良。卫生具有常识，可以防病於未病；迷信必当破除，不作无益害有益。求知识莫离书报，谋生存好自经营。常川服劳，朝聚暮散，必当确守时光；每逢休假，玩水游山，随处可求学问。人贵自立，须知有志竟成；民生在勤，漫冀不劳而获。修身之要既尽，齐家之道宜详。兄弟不必同居，而父母在上，自宜竭诚孝养；婚嫁各由自愿，而男女双方，要当共保贞操。逮居亲丧，毋徇俗尚：麻衣草屦，何必墨守古风；礼忏诵经，奚须奉行故事。厚殓非礼，还防盗贼生心；入土为安，休信堪舆谬说。火葬最为解脱，公墓亦可安宁。顾彼童蒙，首在教育：选科目宜顺其天性，择学校尤贵有良师。毋惑无才是德之谣，女子宜习专业；

致张云鹤[1]

一

吉人叔祖大人赐鉴：前月二十七日肃上公函，计蒙察入。前日得仲友兄[2]旧历四月二十日来信，传述尊谕，以宗祠司账、司租常常旷职，发告叶买柴米等事，悉任工役主持，放弃若此，不成体统等情，敬已聆悉。职员旷废若此，未免溺职。元济已去函诘责，应请长者严行诰诫，并祈速即招集值年会议，妥筹办法。至仲友兄来信谓，尊意拟设监视一人，即以仲友兄充任。元济以为章程未曾规定，似有未便，尚祈鉴核。又帮忙马君现在无所事事，前已面告幼仪叔[3]回盐之后，请诸位长者辞退。合再上陈。敬请福安。

十年六月二日

二

吉人叔祖大人赐鉴：梅雨经旬，凉燠失序。伏维起居安善，敬念敬颂。兹有启者：从兄伯君有女嫁于陈氏，遇人不淑，现从伊子在沪[4]。日前来。其夫家有祖遗房屋一所，在董家弄底唐家桥。光绪三十四年八月间凭中典与王瑞甫，计典价三百五十千文，后又加一百五十千文，统共合成五百千。典期八年，嗣又续展五年。现在王君作古，典期亦满。王君前托长者将此典契转押与沈荡甘或干姓，已托仲友二兄面恳，代为索回，即由仲友兄于契上批注"再展若干年以免日后纠葛"等语。此女幼年孤苦，又所适非人，而自己极知自爱。元济深为怜悯，用特代为函恳，伏祈代将该典契取回，交与仲友兄，为之加注"展缓典期"字样，俾于法律手续无有欠缺。不胜盼祷，敬叩钧安。

十年六月二十七日

---

1 张云鹤（1858—1922），字六合，号吉人。张锡镛次子，张元济再从伯叔祖。
2 即张元济从堂兄张元勋。
3 即张元济族伯叔张德培。
4 指张元济族侄女张贞，其子为陈润身。

致张文龙、张云鹤、张骏等[1]

一

森伯、吉人、仲良诸位叔祖大人赐鉴：奉仲良叔祖八月十一日手示，谨诵悉。二房敬成〔哉〕公祭，竟被后人瓜分殆尽，置祖宗血食于不顾，闻之悲愤。宗祠之设，仰蒙诸位尊长出而提创，钦仰何极。收还当屋，酌给修缮之费，自是正办，惟既经公估给价，而朴叔一房诸弟犹不见从，应请诸位尊长责以大义。如再违抗，应以家法惩处。至赎价修理之费，元济愚见不宜由公祭项下积存提用，而由阖族子孙认摊。来示谓所需经费约计千余元。查赎价已去七百元。修理之费恐数百元未必敷用。应如何修理之处，应请诸位尊长先行核定。元济愚见，飨堂为灵爽所凭，不能过于朴陋。大门为观瞻所系，必须稍示崇闳。其它如胙堂、帐室、仓库、庖之属，均不可缺。原有房屋虽属可用，然尚记得大厅之前右手有厢屋数间掩蔽厅前，甚不合式。将来改大厅为飨堂，则此厢屋不能不移徙他处。可否请将现有房屋先绘一图，再将应加修葺、移置、添造之处再绘一图，确实估价。此项费用，元济拟认一半，其余一半，应请诸位尊长饬令同族合认。认定之后，同时缴呈于诸位尊长之前。设族人先缴若干而不全缴者，元济亦先缴若干，如其所缴之数。此为敬宗睦族之举，元济固不欲多上人而独收其名。想亦为诸位尊长所鉴许也。再，元济窃有陈者：宗祠建设之费不过一次，而以后经常之费则必须垂诸久远。为此之计，惟有将各房祭产一律收归宗祠。除墓祭及岁时伏腊分，所有赢余悉归宗祠公用，不得再归各房私自分润。此为最难办理之事，应求诸位尊长不避劳怨，切实担任，庶宗祠可有久大之望，否则不过数年、数十年，终归湮废而已。合请诸位尊长先将各房现存祭产切实调查，有田若干亩？荡若干亩？房屋若干所？岁可收入若干？现在岁所支出者若干？其可省去者若干？造成清册，总计各房祭产，岁可赢余若干以供宗祠之用，然后集族人而诏之，使之承认此为事前应筹办者一。赎还当屋及修理之费估定之后，如何劝告各房，令其分认；如何令其依期缴款，勿误工事，此为事前应筹办者二。以上二事若不能办到，则建祠之议等于泡幻。元济虽怀此志，而以一木支大厦，力亦有所不及。此则全在乎诸位尊长之诱掖奖劝，以成其美矣。命拟祠章，容悉心筹划，具稿呈核。溽暑，惟乞珍卫不宣。

六年八月十五日

---

1 张文龙（1856—1932），字深伯，又字森伯。张寿康长子，张元济族伯叔祖。张骏（1868—1949），字元龙，号仲良。张寿康次子，张元济族伯叔祖。

二

森伯、吉人、仲良叔祖大人赐鉴：前于八月十五日肃复寸函，陈明建设宗祠一切办法，计荷垂詧。元济嗣因事入都，又驰函陈明，旋即赴鄂，勾当琐务。比返南京，欲循津浦车北行，而水患已成，轨道中梗，以是又折回上海。思及此事，倏经两月，未知进行如何？恐诸位尊长以元济尚在北方，有劳厪注，故特专函奉达，并祈见示近状，至为感荷。再，前得仲良叔祖四月三十日信，谓曾见邑人季篙圆先生所辑《马嘶诗钞》，中有先人诗词八十余首，在《涉园丛刻》[1]之外，允为录示。如已录出，获祈惠寄一阅。元济尚欲排印《涉园丛刻》二编也[2]。元济近来搜集涉园旧藏各书，有葭士公暨舍［含］厂公、思盍公、芷斋公、鸥舫公印记者凡数十种，且有手抄之本[3]。而于"赤"字、"湄"字均缺末笔者，至为可贵。先人手泽阅百数十年而后归于其子孙，不可谓非祖宗灵爽之所凭矣。昔寒坪公印《王荆文公诗注》，曾缺去《年谱》及卷三十、卷五十之末叶，毕生访求，卒不可得。今元济购得一部，而所缺者具在。今拟重印，藉偿先人未竟之志。大约明年可以告成，

---

1 1911年7月，张元济编辑《海盐张氏涉园丛刻》由商务印书馆排印成书，其中收录有张惟赤撰《退思轩诗集》、张榑撰《赋闲楼诗集》、张芳湄撰《箟谷诗选》、张宗松撰《扪腹斋诗钞》《扪腹斋诗余》、张宗榑撰《藕村词存》、张鹤徵辑《涉园题咏》七书。张元济为七书逐一题签。

2 张元济欲印之《涉园丛刻》二编即《海盐张氏涉园丛刻续编》，后于1928年4月由商务印书馆排印出版，收录有张伯魁撰《寄吾庐初稿选钞》、张赐采撰《竺岩诗存》、张廷栋撰《半农草舍诗选》、张铁华撰《西泠鸿爪》、张元济辑《张氏艺文》、张元济辑《涉园题咏续编，附涉园修禊集》六书。其中，《张氏艺文》收张氏先人36人诗300首，词8首。《涉园题咏续编》收侯官林则徐《题涉园图卷》、海宁吴骞《夏日闲居闻渌饮文鱼诸君涉园雅集邰寄二首》、海盐彭孙贻《张观察涉园六首》等诗文。

3 张元济注重先辈旧藏搜集，凡有世祖藏书印记的书籍都不惜重金购入，如于右任藏宋本《荀子》《庄子》等善本，六世祖张宗榑旧藏《宋诗钞初集》。经多年寻访，张元济共搜集到涉园藏书和刻书104部。葭士公即张芳湄（1665—1730），字葭士，号象贤。张胎次子，张元济七世祖。藏书印有"张印芳湄"。舍厂公应为含厂公，即张宗柟（1704—1765），字汝栋，号吟庐，又署含厂，晚号花津圃人。张芳湄五子，张元济六世伯叔祖。藏书印有"宗柟手勘""吟庐图籍""涉园""涉园主人"等。思盍公即张宗榑（1711—1775），字咏川，号思盍，又号菊村。张芳湄六子，张元济六世伯叔祖。藏书印有"宗榑""咏川""宗榑之印""一字思盍""宗榑咏川"等。芷斋公即张载华（1718—1784），字佩兼，号芷斋，别署观乐生、乌夜村农。张芳湄九子，张元济六世伯叔祖。藏书印有"古盐张氏松下图书""松下藏书""张载华印""芷斋图籍""芷斋藏书""海盐张氏研古楼藏书""古盐张氏松下清斋印""长宜子孙""佩兼""乌夜村农""金篆香清好读书""研古""研古楼钞本"等。鸥舫公张鹤徵（1742—1806），字选岩，号云汀，别号鸥舫。张载华长子、张宗柟嗣子，张元济从五世伯叔祖。著有《鸥舫小稿》，刊有《涉园图咏》一卷。

并以奉闻。[1] 肃此。敬叩台安。

六年十月二十五日

《海盐张氏涉园丛刻》扉页，右侧为蒋启霆手书识语。

---

1 张元济六世祖张宗松清绮斋曾覆刻元本《王荆文公诗注》（王安石原著，雁湖李壁笺注）行世，但有缺页，魏鹤山原序与附《年谱》亦阙脱。张元济极力购藏先祖覆刻本。1914年，傅增湘从苏州为张购得元大德刊本《王荆文公诗笺注》，清绮斋本缺页及《年谱》均存，内有须溪刘辰翁评点，但该本仍非足本。经过几年努力，张元济先后从日本宫内省图书寮、江南图书馆补得全部缺页，又从刘承幹嘉业堂借到残宋本所留魏序。直到1922年，该书完整本由商务印书馆影印出版，张元济撰跋语。原书于1941年4月售与文献保存同志会，现藏台北"中央图书馆"。郑振铎曾称赞此本"国内无藏全帙者"，"得《王荆文公诗注》，元刊本部分足称豪矣"！寒坪公即张宗松（1690—1760），字青在，一字楚良，又字蠖庐，别号寒坪。张芳湄三子，张元济六世祖。藏书印有"清绮斋""清绮斋书画记""海盐张氏清绮斋藏书"等。

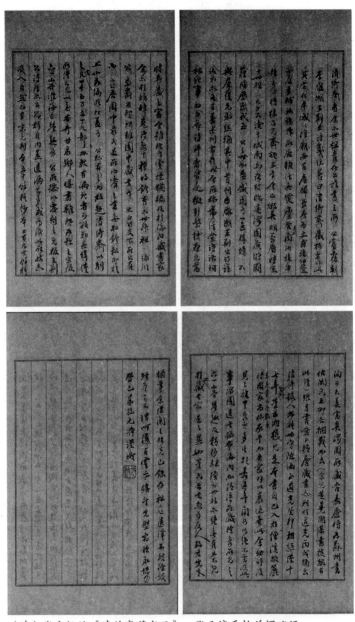

（清）张宗松编《清绮斋藏书目》，张元济手抄并撰跋语。

张元济撰《涉园图咏》识语。

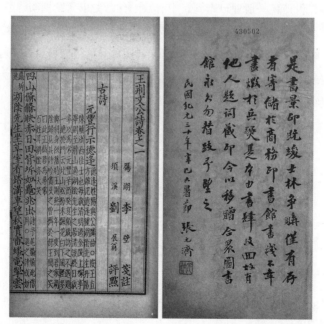

（宋）王安石撰《王荆文公诗》，1922年张元济影印元大德本。1941年，张元济于此书手写跋语："是书景印既竣，士林争购。仅有存者，寄储於商务印书馆书栈，不幸尽毁於兵燹。是本由书肆收回，故有他人题词藏印。今以移赠合众图书馆，永久勿替。跋予望之！"

三

森伯、吉人、仲良叔祖大人赐鉴：前日奉到十一月二日手谕，捧诵祗悉。始祖大白[1]、永思、有谷、西新、懋德祭产，既可一并提归宗祠，则永久经费已有着落。此外，元济所知者为元济高祖以下尚有观生、厚生两祭，亦有田产。至为若干亩，则不得而详，已归并祭产，务祈诸位尊长先行提议。至观生、厚生两祭，应请谕知仲友二兄及朴叔一房诸弟一并缴。此外各房有小祭产者，亦应劝其归并。此事办法既定，则宗祠之事便可着手。来谕谓刻下因陋就简，俟归并祭产积有赢余，徐图整顿。按现在情形，祗得如此办理。然元济愚见，仍以为必须将归并各支祭产一事先行办妥，然后建设宗祠始能垂诸久远。如蒙诸位尊长俯从兹议，则请即日召集族人，将归并各支祭产一事公同决议。如各无异言，一律签名，具呈备案，并将当屋赎回修理开工。元济愿先捐五百元，谨随诸位尊长之后，襄成是举。如诸位尊长以为有所为难，仍须先建宗祠再议归并祭产，则元济不敢赞成，尚祈鉴宥。究竟如何办理之处，敬乞核示。如决定召集同族公议，则季甫叔及章甫弟[2]必须到场。元济亦可拨冗归里，惟日期亦须预先商定，免得临时不到，又多窒碍耳。仲良叔祖寄示摘抄先世诗稿一册业已奉到，中有数十首已见于《续槜李诗系》[3]者，惟祗自第十四世至十八世十九世，如是榆梅君叔祖，二十世如文甫伯[4]均未之及。元济拟汇印一编附于《涉园丛刻》之后，不知诸位尊长能代为搜集否？若此时不谋刊布，恐以后愈归湮没，甚非所以仰妥先灵也。区区此心，想荷垂许。肃此奉复，敬请台安。伏维亮詧。

六年十一月十四日

---

1 即张奇龄（1582—1638），字子延，号符九，别号铁庵。张钢子，张元济十世祖。晚年因退居海盐县城南门外的乌夜村，题住所为大白居，后人称其为大白公。著有《存笥集》《铁庵集》《识大编》《问业纪事》等。

2 季甫即张元济再从伯叔张廷臣。章甫即张元济族弟张启文。

3 沈季友《槜李诗系》，编辑嘉兴一郡之诗，自汉、晋以清，凡缙绅、韦布、闺秀、方外、土著、流寓有吟咏传世者，皆录之。后胡昌基编纂《续槜李诗系》，上接《槜李诗系》，下迄嘉庆，同时补收清顺治以后前书所遗漏者，共40卷，收录作者亦1900余家。体例与前书大体相同，兼载诗评、诗话。

4 即张廷栋（1840—1906），字在中，号文圃（文甫）。张溱子，张元济再从伯叔。著有《半农草舍诗选》。

家住城南乌夜村印章。

张元济手书大白公家训，四条屏正面。1914年，张元济在上海极司菲而路置地建宅一所，底层大客厅与中客厅间有一道拉门。张元济亲自书写大白公家训，请人镌刻，置于拉门上。

释文：吾宗张氏，世业耕读。愿我子孙，善守勿替。匪学何立，匪书何习。继之以勤，圣贤可及。此吾十世祖大白公家训也，载在家乘，垂示后嗣。今新居落成，谨以铭诸座右。元济。

四

森伯、仲良叔祖大人惠鉴：奉一月十七日手谕，展诵祇悉。修谱事蒙鼎力主持，曷胜感幸。承示调查川资，元济愚见族人即有移居他处者，为数寥寥，似不必派人前往，但通函询问，并附表格属其照格填注。如此办理，可以省去川资一层。又雇人缮稿，如系初稿，既有坐办，应即归其担任。至于誊写正本预备刊刻，则应并入刊工计算。将来在何处刻板，元济前已陈明，应将本邑刊资与上海或他处比较，方能决定。至于银钱支用，仍请长者监督，由章甫弟主管。万恳，万恳。事冗稽答，甚欠，甚欠。肃复。祇颂台安。

章甫棣均此。

九年二月四日

五

本年阳历二月四日肃复一函，计蒙垂詧。续修宗谱事得长者主持，知已开办，极为欣慰。闻开办之费系在永思公帐支用二十元。此次修谱之议，建自元济，声明经费由元济一人担任，不欲动用公款。前于八年阳历十二月二十八日寄呈五十元，由冯宅[1]迳送章甫弟收。现在业经开办，应请长者饬令章甫将前收之款送呈尊处，即将借用永思公款归还，其余即请随时拨付。元济本年二月四日去信，本陈明银钱支用仍请长者监督，务祈鼎力主持。至前款用罄，即祈示下，当续寄呈。外附致章甫一信，祈掷交为幸。

九年五月十日，即旧历三月二十二日

再，闻仲友兄言，永思祭产比前已有短少，若不亟行整理，恐日后更不堪问。元济之意，总欲先建宗祠，然后将祭产收入宗祠，方易监督。前此长者建议拟将混堂弄西当屋收回修理。近仲友兄来沪，谓修理并建造门堁及附属房屋，约估式千元可以集事，云云。渠前日回盐，已请其面恳长者通盘筹画，总计赎价及修理、添造并龛牌、器具须款若干。如为元济力所能任，颇欲从速举办。但各房祭产能否并归宗祠管理？此事必须先行议定。否则宗祠虽立，祭产分离，将来仍难维持勿替也。

---

1 即张元淑夫家。冯家花园即中国十大名园之一的绮园，乃冯缵斋在冯三乐堂后辟地修建的园林，集拙宜园和砚园山石精粹，又添置太湖石修筑而成，命名绮园，意为妆奁绮丽。1949年后，冯氏后裔将冯三乐堂住宅和绮园捐献给国家。

三乐堂。

绮园。

六

森伯、仲良、吉人叔祖，幼樵叔父[1]大人鉴：敬启者，元济此次归里，渥承教诲，感荷无极。归并祭产，建筑祠堂两事，抑托祖宗之灵及诸尊长提携之力，克底于成。[2]元济职务倥偬，不获追随将事，实深愧歉。兹尚有奉达各节，列叙如下，便祈垂詧：

一、元济于旧历十四日函达上海，先拨捌百元，送交冯万通酱园[3]，托冯君季侯[4]带回备用，不知已寄到否？其中以二百元归还冯宅垫付木匠之款，以四百壹十元预付晓峰、伯荣[5]两房，余下一百九十元备祠工随时支取。

二、现居当屋两房前限至迟至七月底迁出，未免太迟。务请劝令从速，庶修理后进，亦可早日兴工。

三、后进修理如何办法？作工价若干？元济亦欲闻知。祈见示。

四、原来阴沟不知通否？鄙意必须通至□面河道。

五、门窗用玻璃与蛎壳未知价格相去几何？如四周用蛎壳，中镶玻璃，似较好看，于制作亦坚牢。其式如下，请估示一价。

六、檐溜现拟用何物？鄙意正屋均宜安置。如用铁料，未知需价几何？亦请一估。但直管可以不用。

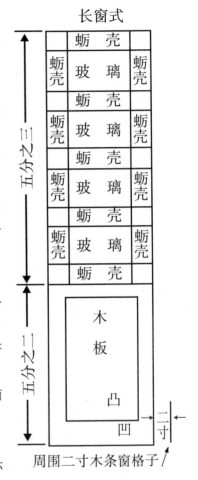

长窗式

---

1 即张国桢（1866—1927），字芳斋，号幼樵。张清杰长子，张元济嫡堂伯叔。

2 张元济于1920年6月25日回海盐，6月30日与张氏族人35人合具《阖族为建设宗祠归并祭产公呈》，7月2日经杭州返沪。

3 张元淑夫家冯氏开设的酱园。

4 即张元济妹夫冯通伯的四弟。

5 晓峰即张世焘（1875—1904），号晓峰。张玉森长子，张元济堂弟。伯荣即张元耀（1872—1910），字雯孙，号伯荣。张宝玺长子、张大椿嗣子，张元济再从弟。仲华即张元烺（1875—1918），字渔孙，号仲华。张宝玺次子、张廷植嗣子，张元济再从弟。

张元济父亲张森玉40岁画像。

张元济母亲谢太夫人像。

七、水木两作均宜令保年限。在年限之内如有倒坍，应令赔修。

八、亭堂应设神龛，正面三座，东西向各一座。如何款式？乞早定绘图，元济亦欲一看。

九、神牌高广尺寸及式样亟应早定。鄙意专位用蓝地金字金边最为合式，字用雕刻阳文。但不知价格若何？如价格过昂，或时日赶办不及，则中龛三层仍应用此，以示庄严，其余专位祇可与总位一律用白地红边，临时用朱墨笔缮写。敬候裁酌。

十、前面陈，神位行款拟用"敬哉公碧溪公支第○○世○○诔配○○氏神位"字样，仰蒙采纳，须阅旧谱。中缝虽系如此，但分支换页时，其首行系称"○○公支第○房○○公支"。谱中既多一层，分别神位，似亦应如此。亦乞裁定。[1]

十一、凡有公祭归并者，其本身及以上各代应设专位。共有若干，应请派人速查。应设总位者亦应抄出清稿。鄙意如数甚繁，此时赶紧办理已觉局促，必须一切查明方能计算字数。万一赶办不及，祇可出资雇人帮写。

十二、照十二日会议，捐资五元设立专位者，当亦不乏其人。应请速发通告，免致误时。

---

1 据《张氏族谱》卷五至卷十世系表载，张氏始迁祖张留孙以下五世——六世至十世有汉文公支、敬哉公支、碧溪公支，族谱记录了此三支及十一世至十五世敬哉公支第二房朴庵公支、敬哉公支第六房圣瑞公支，十一世至二十五世敬哉公支第三房赤符公支、碧溪公支第三房鸣九公支。张元济属二十一世敬哉公支。汉文公即张箕，张鑑子，张元济从十六世伯叔祖。敬哉公即张礼（1386—1474），张元济十六世祖。碧溪公即张澄（1395—1467），字碧溪。张达子，张元济从十六世伯叔祖。

十三、宗祠筹备处缮写诸君如幼田[1]等，应否酌给津贴？敬乞卓裁。

十四、富庆叔[2]续弦之事，前经于三位叔祖前陈明由元济帮助，但必须由诸位尊长为之择妇。最要须能耐劳吃苦，可胜内助者，方为适宜。否则非徒无益，而又害之矣。想诸位尊长亦以为然。至富庆叔平日嗜酒，必须劝令戒去。平时生活如何维持，则甚望族人合力为之介绍耳。

仲友兄，绿琴[3]、章甫弟均此。

九年七月四日

七

深伯、吉人、仲良叔祖，桂樵叔父[4]大人同鉴：阳历本月四日由邮局寄去一函，十四日又托幼仪叔带进一函，十六日又寄仲友兄一函，均为修谱、建祠之事，计蒙垂詧。昨得仲友兄阴历六月初四日来信。有应行奉答者，有未蒙示复者，兹再历陈如左：

一、周姓租地不允拆屋归还，自应从速交涉。但仅报警局即行拆屋，手续似欠周到。鄙意县署必须进禀。吾家究为大族，我强彼弱，凡事须格外准情酌理。望诸位尊长必有要［妥］当办法也。前托幼仪叔面陈一切矣。

二、仲友兄函告晓峰、伯荣、仲华各房均已出屋，闻之甚慰。除永思公祭付过四百元外，由建祠款下付过晓峰房四十元，又伯荣各房一百九十元。叔平[5]出屋尚未定期，应找付一百九十元，应俟出清方能找付。不能因其他三房先已移出，即将所应得者先行给与也。

三、原有阴沟既经湮没，必须重开。将来大厅后面余地或尚有建筑之望。此时阴沟必须为后来预备衔接地步。至阴沟去路，必须通至前面河道，好在石渡之地亦为吾家之产，任便开挖，并无窒碍也。

四、晓峰、伯荣各房移出之后，大厅应如何修理，请即估计。除后面旁附各屋应留用外，其拆卸所得砖瓦、木料尚可合用者，亦请查明，抵与木作。值钱若干？留用若干？估值若干？以备将来结帐。

---

1 即张继垣（1880—？），字幼田。张元照子，张元济从堂侄。

2 即张元济族叔张富庆，原配夫人汤氏卒于1914年。

3 即张文荣（1874—？），原名闻雄，号绿琴。张德华子、张侣梅兼祧子，张元济族弟。

4 桂樵似为幼樵笔误。桂樵应为张元济叔祖张清杰的号，即幼樵之父，据《张氏族谱》世系卷，张清杰生于道光丁酉年（1837），卒于光绪丁酉年（1897），此时应已故。

5 即张元焜（1882—1921），字鲁孙，号叔平。张宝玺三子、张有壬嗣子，张元济再从弟。

五、专位通告知已发出，日内即将收捐。收条印就寄去，以备应用。

六、神龛及牌位程式敬陈管见如别纸，恭候核定。

七、檐溜拟用铁管。请估计尺寸。仅以正屋为限。

八、富庆叔续娶事，于七月四日信中陈明一切。如何办法，敬祈示下。

九、七月十四日去信陈明，拟与己兄、弟合设礼荆公祭，凑银一千元，除已用二百元购田四亩有另外，再缴八百元，托宗祠代置田产，为宗祠祭扫上两代坟墓之用。不知可邀核准否？敬候裁示。

再，两次汇进一千三百元。日内金守斋丈回里，再托汇进四百元。又及。

九年七月二十四日，即六月初九日

八

深伯、吉人、仲良叔祖，幼樵、幼仪老叔，仲友二兄，乐琴、章甫、育甫老弟[1]同鉴：今日周月江之子仁奇来沪，到元济处要求见面。当即延入客室晤谈。所有问答另纸录呈，伏祈詧核。元济说话极为空灵，丝毫未露允许之意。所呈出之契据，即行驳系是白契，不能认为有效。渠所要之价，断然不能允许。此时既已起诉，两造自行解决，呈请息讼，亦嫌于起灭自由。究应如何办理之处，伏祈诸位尊长昆弟公同商议。不胜感激之至。专此。敬请公安。

九年九月六日，即七月二十四夕

九

深伯、吉人、仲良叔祖，季辅、幼仪叔父大人，章甫三弟同鉴：前日寄奉吉人、仲良叔祖，幼仪叔父各一函，谅经递到。兹有关涉宗祠各事，奉列于左，伏维垂詧。

一、周姓租地收回一案，昨日杭州审判厅旧友来信谓和解状，必须双方署名、画押，并已代为托人，状到迅予核准等语。周姓呈文已递，我处并未会同签押，应请育甫弟速拟一呈送县转递。如不收，再自递。但呈内措词须说明周姓自愿和解。至该地房屋未经完全拆去，如来商议预支贴费，千万不可允许。前信亦已陈明，务请坚持。

二、富君少祥现在代理帐房，必须属其觅人保证。并非不信任，实系定章如此。应请速告。

---

1 即张元济族弟张启煦。

三、祠中员役前经议定（旧历十二月十二日会议录）裁减一司租、一祠役。现届年底，应请施行。朱君老余本系带收六叔祖处及他家租务，今届年底，可以婉辞。又朱君竹贤保人来信，似不甚妥。不知已对明否？如保人不甚可靠，亦宜辞退另请。缘仲友兄屡次声明，故不能不格外慎重。但无论何人，辞退之时，必须将经手帐目交代清楚。保信须于三个月方能交还，缘恐尚有错误临时发见也。至厨役为人甚懒，亦请即行辞退。荣庆不能久代，亦请速行觅人。总之，祠役两人必须兼管厨房及跑租等事。

四、除夕设供，原章系先期行礼。是否照常祭礼节？如除夕用常祭礼节，元旦再用常祭礼节，是一年有常祭三次矣。于义未妥当。议章时未经想到。鄙意除夕应由族长、值年设供行礼，不用常祭礼节，但上香、敬酒、供饭、行四拜礼两次。族人有愿与祭者，听便。至元旦日始行常祭礼，似于章程亦不违背，请酌行。如以为然，应请知照司帐，悬牌通告。大致云除夕宗祠先行设供，午后六时行礼，元旦午前十时行常祭礼，阖族应先期齐集，特此通告。

五、本年（指旧历言）十二月初十至十三日值年会议各事有应施行者，如尚未施行，即祈办理。办理时如何情形，务祈见示。

六、季辅叔前在值年会议席上提议两事，曾经公议，应于元旦常祭日提交阖族常会公议，应请提出公议。

七、祭祀规则清样附呈。专此布达。敬叩岁禧。

旧历庚申十二月二十八早

十

深伯、吉人、仲良叔祖，季辅、幼仪叔父大人同鉴：元济临行时曾上一函，计蒙詧入。现在尚未立契各佃户，前经议定由司帐、司租拟定应增之租额，呈送值年核定。又议定由司帐、司租将本地收租惯例逐项开列，以便撰拟规则，应请转饬速办。经诸位尊长核定后，请嘱司帐寄与元济一阅。征收规则元济即当依据编成条文也。叔平作古，仲友兄来信谓其贫苦异常，欲向有谷公祭领取丧费。元济以为断断不可。抚恤规则只有宗祠发给丧费，并无公祭发给丧费之例。元济已复仲友兄，请其驳斥。万一叔平之妇仍来要求，务求诸位长者严行拒绝。元济以为值年为公家办事，万不能稍徇情面，一切事务祗能执定章程。想诸位尊长亦必以为然也。照墙、石渡工事如何进行？并祈示及。肃此。敬颂台安。章甫三棣均此。

十年四月二十日

十一

深伯、仲良叔祖大人赐鉴：敬启者，元济与金、葛两君发起刊印《檇李文系》[1]，现在先行征集遗文。金、葛两君另有专函奉恳，并呈公启、总目一册。元济愚见族中所有著述应尽力搜罗，附入，庶可永久流传。《家谱》前二卷可以刊入各件，元济均已采录。此外务祈广为采访邑中先正文字，并祈留意，敬请台安。

十年九月三日

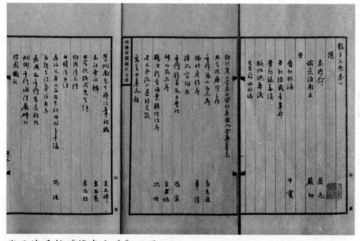

张元济手抄《檇李文系》目录。

附录：张元济撰《刊印〈檇李文系〉征集遗文启》（1921年8月）

嘉兴忻君虞卿辑成《檇李文系》四十六卷，久未刊行。同人以乡邦文献攸关，怂恿付梓。原书起自汉，迄光绪中，虑犹有阙，亟思增补，并拟广至宣统季年，继代为书。海内宏达，同州诸彦，藏有旧嘉兴府属先正文字，无论已否成集，咸请录副见示。篇帙较繁，则择其尤者。更乞编次仕履，附采言行，作为小传，以识生平。分任收稿者：京师金君钱孙，杭州陈君尚姝、龚君未生，嘉兴王君葑畇，嘉善钱君铭伯，海盐谈君麟祥，平湖张君厚芗，石门陈君瀛客，桐乡沈君耆洛，并于各省及上海商务印书馆设代收稿处，转寄上海葛词蔚、张菊生两君汇成。如蒙代辑遗文，即祈就近送交各处，但截至辛酉年终为止。原书凡例及姓氏总目已编定成册，分赠同志。如承索阅，请函致各收稿处，即当寄奉。伏维公鉴。嘉郡同人谨启。

1　《檇李文系》由清光绪年间嘉兴忻虞卿原辑。1921年，张元济、葛嗣浵、金兆蕃等发起补辑并主持其事，续辑稿于1935年告成。整部书收集范围是旧嘉兴一府七县历代名人名作，文献上自西汉下至清末，共收作者2354人、文4041篇。书稿在抗日战争爆发后被敌伪劫盗后失踪。1948年续辑稿重新出现，海盐颜文凯出资购买并捐赠给合众图书馆，后合众图书馆并入上海图书馆，这部书稿成为上海图书馆历史文献中心的善本文稿之一。

十二

森伯、仲良叔祖，季辅、志强、新甫叔父[1]大人赐鉴：前日肃复仲良叔祖一函，计先达到。此函发后，与仲友兄详细研究。所有西新、有谷公祭，长川坝附近荡产，维无旧契，亦无粮串，而佃户旧时名册具在，乡老相传亦无不知为本族之产。故缴价可以说明，请免。兹拟具呈词一通，并佃户亩数清单一分，寄呈詧核。如无不妥，即请速派司帐、司租中一人前往澉浦，向鲍郎场署呈递。最好先送卢悌翁[2]一看。递场署时必须索取该署正式收条。禀中必须粘贴印花二分，用宗祠图章在骑缝上盖印。最好能属育甫弟一行，大为妥洽。元济另备一信与卢悌君同年，托其向场官说合，或不无少有裨助。请免缴价一层能办到固好，但既无旧契，又无粮串，究竟自己立脚不住。该项荡地究竟场署中是何册名，族中亦不知悉。此层尤为弱点。倘场署有西新、有谷等册名固属甚妙，万一系用别名或竟无张姓册户，则祇可认为向例着佃完粮或佃户用自己之名亦未可知。万一旧佃户名字册上亦查不出，则真是无话可说。场署必欲责我缴价，亦属无词可推。故致卢君信中末后有"酌量补完欠课"之语。此事必须迅速办理，迟则逾限无可说法。千万注意。专此。敬即福安。育甫弟均此。仲友兄因天热体疲，不能回盐。并知。

侄元济顿首 十二年七月二十五日

注 信稿端有作者所写"第十九号"。

---

1 志强即张元济族伯叔叔张德增。新甫即张元济族伯叔叔张德基。
2 即卢学源，字悌君，浙江海盐澉浦人，乡绅。张元济嘉兴府考同年。

致张骏

一

仲良叔祖大人赐鉴：献岁，伏维起居万福。奉三日手示，谨诵悉。吴司账[1]病愈回祠，闻之甚慰。少祥辞酬劳不受，应否酌加，改办礼物致送？请公酌。朱仁贤保信似应田俞子仁切实缮写，勿得游移，改贴后日纠葛。承示元旦常祭，阖族常会提议各事，谨已聆悉。伯丰[2]等五人提议（是否祥叔？此外四人为何人？）提前发给祭余，提议原文请饬司账抄示一读。元济悉见族众如能对于敬事祖宗、整理公产、督责祠务等事，酌为提议，则能使我辈值年尤为钦佩矣。肃复。敬叩春祺。

深伯、吉人叔祖，季辅、幼仪叔，章甫弟均此。

侄孙元济顿首 十年三月十四日，旧历正月初七夜

二

仲良叔祖大人赐鉴：奉八月十七日手谕，谨诵悉。棣叔在医院，柯师医生[3]甚为倚重，尝与元济言，如能加意练习，可望成一得力之助手。惜当时未入专门学校，根底未深，不无缺憾，云云。尊意遵为转达。承示已搜得先代遗诗，暨涉园题咏[4]八十余首，欣喜之至。春溪公[5]《寄吾庐初稿》仍祈随时访求，或能希冀于万一也。中元常祭会议各节，先得幼仪叔及仲友兄信，敬已聆悉，惟祭期改在十五日，元济记得盐地是日亦家家祭祖，十三日既不便，是日有无不便，此层尚须斟酌。介眉贤两君奉命即下乡催查未入契及欠租各户，闻之甚慰。今年若放松，以后便难着手矣。仲友兄住祠如有不合之举，长者应严加诰诫，责其悛改。若其不

---

1 即海盐张氏宗祠司账吴介眉。

2 即张元济族伯叔张有孚。

3 柯师太福（Standford Cox，1865—1925），爱尔兰医生。1900年来中国，与张元济交谊甚深。1910年曾陪张元济赴欧洲考察出版教育。他去世后，张元济撰写《柯师太福医生墓志铭》，记述其生平业绩。

4 张元济九世祖张惟赤拓展先世大白居为涉园，乃读书、藏书之处。涉园是江南的名园之一，张氏后人张鹤微辑四方名士在此之唱和为《涉园题咏》，还将涉园诸景绘成图卷。后来张元济在上海见到此图，几经周折购得，又请不少人作跋语并汇为一书，题名《涉园题咏续编》，于1928年在商务印书馆排印出版。

5 即张伯魁（1760—？），字文在，号春溪。张兆熊长子，张元济五世族伯叔祖。著有《寄吾庐初稿选诗》四卷，纂修《崆峒山志》二卷、《徽县志》八卷。

然，仲友系照章住祠。族中少长亦不能以意为爱憎，亦乞长者主持公道。冒昧陈言，伏祈垂宥。

十年八月二十日

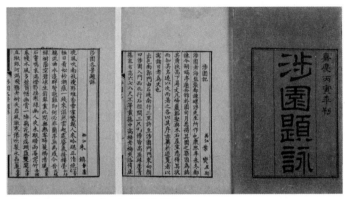

嘉庆丙寅年（1806）刊《涉园题咏》。

三

仲良叔祖大人赐鉴：奉九月十四日手谕，展诵敬悉。梅君叔祖[1]遗著尽行散佚，极为可惜。异日《清芬集》果能印行，并无一字在内，其子若孙有何面目对彼祖父？文甫伯题画诗当必不少，望属仲友兄设法搜罗。至祷至恳。绣成叔卖去受押祭田款，宗祠多贴数十元为之赎回，是奖励子孙售卖祖宗遗产，恐非所宜，还祈诸位长者鼎力立持为幸。

再，时疫医院即日停闭，承属一节，当即往询。柯师医生据称公立医院经费亦不充足，目下难以添聘职员。其意甚盼棣叔一面实验，一面再行求学，庶成就较为远大。语亦良是，但恐谋生事急，则不能纳其所言耳。元济因事入京，明晨就道，约半月返沪[2]，为备两函交棣叔持函往见各人，不知能否得一位置。惜明日即须赴京，不能在沪多为设法。甚欠。

十年九月十六日

---

1 即张大涵（1850—1889），字应求，号梅君，又号如海。张星垣次子、张琳嗣子，张元济族伯叔祖。遗有《韫玉山房文稿》。

2 1921年9月17日，张元济偕邝富灼入京，主要与郭秉文访美国教育家孟罗，拟邀请孟罗任教科书改良的顾问。后与傅增湘商印《道藏》事。又访梁启超，商谈其在南开大学讲授中国历史讲义印行出版事，以及威尔士《通史》译稿出版事。原计划入京半月，但因9月26日患病后入院，10月22日方才出院南下，23日抵沪。

致张骏、张云鹤

　　仲良、吉人叔祖，季辅、幼仪叔父大人同鉴：敬启者，元济返沪以后，为富庆叔续娶之事曾上一函于深伯、仲良叔祖暨富庆叔处，计蒙詧入。吉人叔祖在汽船中所述之语实为富庆叔进以药石之言，不知能否采纳？元济恐非得诸位长者常常提撕警觉，不易回头也。褚宅婢女仲良叔祖往相度后，不知是否妥贴？元济拟助式百元已寄存适冯氏妹处，如需用时，即乞诸位长者开单往取。又宗祠建筑将次竣工。前经仲友兄估计，需添式百元，亦经拨存冯宅帐房。需用之时，亦乞照旧例开单支取。元济前月回盐，曾拨交仲友兄建筑费二百元，仅由仲友兄出一私人收据，应请令补出正式收据并加盖诸位印章发还，俾归一律，日后可以交帐。再建筑完工，应请转令仲友兄分别收支各项开具清单，务宜十分清析，呈请诸位长者复核，复核之后寄交元济，当排印《征信录》分送合族[1]。季辅叔捐入宗祠之款置产，已否支用？何氏之田据季臣[2]弟言必须售千二百元。元济以为太贵。还祈酌夺。租米当已开收，吴介翁人极长厚，务祈诸位长者到祠督视，俾祭产收入可有起色，不然今年支出甚多，恐不免闹亏空也。抚恤章程草样附通告，想经递到，不知已发出否？如有争议者无望竭力坚持，勿稍宽假。此事值年固有全权耳。专此。即颂台安。

　　章甫弟均此。

　　此信阅过，乞交吴介翁收存。又启。

九年十二月一日

　　再，二支十房定叔托荐去意，前请仲良叔祖属入城中学校再读两年书，以后谋事较易。如果听从，此读书期内元济每岁当资助兰英叔祖[3]母六元等情，不知已否转达？又蓼秋叔[4]之两弟近日举止若何？应请诸位长者严加约束，否则必为合族贻羞也。

1　1920年11月10日，海盐张氏宗祠建成，张元济将宗祠各种规则、建筑费、生财清账等汇集成册，名《张氏宗祠建筑征信录》，并为之撰写识语。
2　即张元杰（1871—？），字齐寿，号季臣。张廷荣四子、张大栋嗣子，张元济从堂兄弟。
3　即张双龄（1856—1906），字兰英，号锦春。张本凝次子，张元济族伯叔祖。
4　即张德禧（1874—1905），字受禄，号蓼秋。张大涵次子，张元济族伯叔。

致张骏、任方珩、谈少琴等[1]

仲良叔祖、叔田先生、少琴姻叔、有卿太表叔、渠卿二叔[2]大人赐鉴：敬启者，前月二十七日会议公举诸公分任劝学所事务，元济於次日代拟办事许可权限若干条，送呈次云先生察核，并恳有丈、渠叔分别转呈，计荷垂察[3]。是否有当，仍祈诸公公同核定。元济於前月廿九日驰抵府城[4]，当即晋谒杨味莼太守[5]，业将本邑学务情形暨此次捏名上控内容详细告知。太守允为维持，转请诸公放心办事。凡事但问理之是非，不宜为浮言所惑。果能实事求是，亦未必竟无公论也。兹拟去公呈一纸，祈阅过后送少虞先生[6]一阅，饬人缮递，原稿仍祈寄还。劝学所中别录一份存 案可也。所有目前应办各事，略拟如左，伏祈垂督。

一、速将应设初等小学处所及某地应设若干所数即行拟定。

二、票捐、膏捐应即函县请追。

三、丝捐事，元济至沈荡[7]已向李哲卿、李倬云[8]之子切实声说一切（可问有卿丈），应即呈县并禀抚台、省局、本府统解劝学所分别拨用。

四、各乡镇茶捐及杂捐凡用於学务者，应令各处按月开报抵拨各乡镇学堂之用，并应切实稽查，以免侵蚀。

五、此外如有他项可以收捐（如叶捐类）而不扰民者，应即筹画禀县开办。

六、已设各学堂之教授管理是否合宜，应即详细查考。

---

1 本篇录自海盐县文化局编：《文心事象——张元济后人捐赠文物图录》，西泠印社出版社2017年4月版，第110至111页。任方珩（1855—1911后），字佩之，又字叔田，浙江海盐人。篆刻家。有《爱吾庐诗草》《爱吾庐印存》。谈少琴即谈庭梧，生卒年不详，字少琴，浙江海盐人。

2 有卿即徐士恒，字有卿，浙江海盐人。渠卿即张德铭（1866—1915），号渠卿。张大任三子，张元济族伯叔。

3 1906年4月，清政府颁布了《各厅州县劝学所章程》，在各州县设立劝学所。在张元济、徐用福等海盐热心办学人士的努力下，1906年年末，劝学所成立。劝学所的经费来自地方捐税和个人捐款。1907年5月9日（三月二十七日），张元济参加海盐劝学会议，并做长篇发言。第二天，张元济撰《海盐办学记事》，内容有《拟定现在学务改良办法》《谨拟劝学员之职务》《学务经费》等。次云即徐用福（1829—1908），字响五，号次云，浙江海盐人。徐用仪弟。

4 指浙江嘉兴。

5 时任嘉兴府最高行政长官。

6 即朱丙寿（1836—1914），字笙鹿，号少虞，浙江海盐人。著有《梦鹿庵文稿》一卷、《喻荫山房吟草》四卷等。

7 海盐县所属的镇。

8 沈荡镇蚕丝商，因拒交有关税款，致办学经费无着落。

七、甲、乙两班功课应即拟定详细课程表，以备暑假后一律改良之用。

八、已设及拟设各学堂应用教习，应即预备，并应先期招集研究，以免临时茫无头绪。

九、应用教科书应即选定。鄙见宜用学部自行编纂者。如无有，始可用审定之坊本。

十、硖城[1]学堂应即往查，并令交出捐项，如再不服，禀县核办。

以上各事，仅就管见所及言之。其他未尽事宜，当必不少，务求诸公预为筹备，不胜感祷之至。元济羁身在外，不获追随诸君子之后，勉效微劳，实弥歉仄。肃此。祗请台安。

张元济顿首（1907年）四月初四早

少虞先生均此请安。京信拟就即寄进。日内事冗，尚未能着笔也。又及。

---

1 海盐县所属的镇。

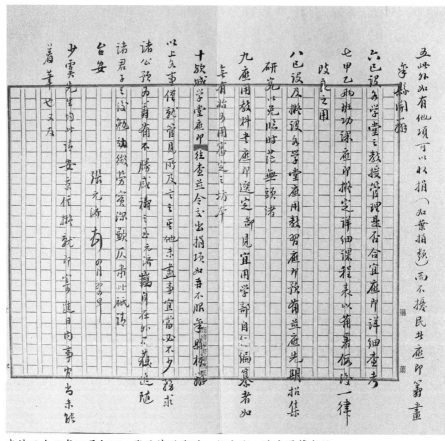

五、此外如有他项可以收捐（如叶捐款）而不扰民其应即筹画

李 梁 周 薛（篆）（篆）

六、应设各学堂之教授管理基否合宜即详细查考之甲乙两班功课应即拟定详细课程表以期界限一律改良之用

七、应设各学堂应用教习应所预筹益应先期招集研究以免临时范畴无颐诸

八、应用教科书应即选定部见宜用学部自己编纂者如

九、叁有拾多用審定之坊本

十、欲城学堂应即往查益令支出捐项如吾不服学款挪推

以上各事倩就管见所及言之其他末尽事宜当必不少務末

诸公预为筹商不勝威祷之公济蕻身任外不獲逤随

诸君子之役施微劳赍歉瓜素此祇请

台安

少雲先生约此话受京任挪就部窦進目的事究书末能

著華也文亲

张元济 四月初四

光绪三十三年四月初四，张元济致张骏、任方珩、谈少琴等书信。

仲□殊祖
陈田先生
少琴叔先生
有仙太表叔
渠绅二□

大人赐鉴敬启者前月二十七日会议公举

诸公分任劝学所事务元琳於次月代拨办事务限若干条送呈

次云先生鉴核益熟　有文渠殊今别特呈讵彦

　垂鉴是否有当仍乞　诸公同核定元琳於前月先日驰抵

府城当晋谒杨味竟太守将本邑学务情形坚恳此次拨

名上控内察详告知太守允为维持末能赐事乙　遂呈未竟

事但问理之是非不宜为逕言雨感果能宾客一阅弥

无公论如黄提举公呈一纸数阅道逐　少云先生一阅弥

人谁违原稿似务寄送　劝学所中别录一分存案乙也两

要詧

有日前应拨及事即拨必左伏讨

一速将原稿为等小学家所及其地产复有平师教的行拨定

二票捐宜捐应印刷县诀追

三兰捐事乃将出沅阳已尚李琴卿李绛云乞切赏声

　说（印乡间有铺之）应印呈县益平抚台省局奉府统解

劝学所分别拨用

□名乡镇荼捐及难捐名用於学务者应斟名受拨月开报

　抵拨名乡顾学堂之用益切实稽查以免侵饮

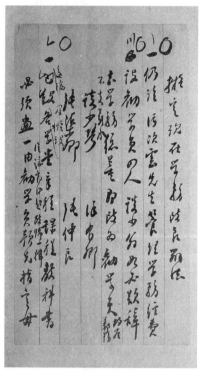

1907年，张元济在劝学会议上的讲话稿手迹。

张元济《拟定现在学务改良办法》手稿。

致张廷臣[1]

一

季辅叔父大人赐鉴：沪上匆匆一晤，未获畅叙。昨日归自琹川[2]，晤季臣棣，知大驾已返平湖。未能续晤，甚怅怅也。前面陈侄与季臣共凑集三百七十元，追随长者之后，为仲友兄捐支宗祠。兹已遵谕送存冯宅帐房，敬祈詧收，转呈深伯叔祖，收入宗祠捐款项下。仲友兄前已捐过三十元，与此合成五百元，照章可以在祠居住，即祈转恳深伯叔祖谕知为幸。再元济前曾提议以宗祠余款存入平湖同裕钱庄，已经决定。此次仲友兄所捐之款，如不即行置产，可否即照前议，存放同裕，藉以生息。又有谷、观生两祭有市房三间在董家弄内，甚为破烂，亟应修理。前曾提议，嗣以动用公款，将来房租增加，即于两祭祭余有所增益，似欠公允，公决暂行从缓。元济细思，因噎废食，究属非计。元济之意仍思建筑，改为楼房，并筹得两法如左，请为提议。甲法：由公款修理，每年提房租若干成，缴入宗祠，作为公中收款。如此则公家出钱，公家可以收利，将来祭余，公家得十成之六，亦可增加。乙法：将该两祭停止轮值若干年，将本年所有祭余悉数移充改建之用，不足再动用仲友兄捐款，每年将所得祭余价数拨还移用之捐款，并贴还利息周年若干厘，续还清之后再行轮值。再，由清莲寺运回及由对门周姓拆下之料均可充用，否则木料门窗积久恐又成损废矣。以上所陈，敬祈代陈诸位长者召集值年会议决定办法。不胜祷企之至。再炳叔祖母处所管永思祭田应请缴还，并拨款赎回所卖之田，亦请同时解决为叩。

十年五月二十六日

注　信稿端作者原注："托守斋丈带交冯宅帐房转交。"

二

季辅叔父大人赐鉴：奉旧历四月二十六日手谕，谨诵悉。仲友兄不愿捐款，亦有信致季臣转致侄处，业已去函详细解说。至其意欲派一职司，由祠中供给伙食，

1　张廷臣（1856—1933），原名大棠，字小芝，号季辅。张澍四子、张淇嗣子，张元济再从伯叔。

2　琹川，即江苏常熟。据陈福康《1921年张元济之常熟行》，此次张元济赴常熟应主要是旅游和访友，还参观了徐兆玮、瞿良士等于常熟县图书馆举办的助赈书画展。同行者有高梦旦父子和陈叔通。

实无此办法。即提出大会会议，侄亦认为不妥，不敢赞成。吾叔必能鉴此愚忧也。改造市房，知已定议，但未知采用甲策，抑乙策，祠中尚未有信来。横山管坟缪姓家事为之入讼，断乎不可。侄当函达吉人叔祖，请其想一善策。同胜钱庄侄稍有股分，故前次提议不便提出。同裕资格较老，故以存入彼庄为请。今由吾叔作主，自甚妥善。炳房卖去之田，前经议定，长者偕侄先往陈说，即派司帐办理，侄当再去信敦促。司帐办事不得力，甚为可忧。吾叔何时再去盐？侄拟追随数日，整饬祠事，敬乞示遵。肃复。敬颂台安。

十年六月四日（寄平湖）

海盐旧县城南水城门。

致张廷臣、张德基[1]

　　季辅、新甫叔父大人赐鉴：前月入蜀[2]，久未上书，伏维福履安吉为颂。昨得适冯氏妹来信，知富庆叔所遗怀弟已到海盐，侄当即设法在上海贫儿或孤儿院谋一教养之所，现时请长者暂予看顾。一俟定妥，即行函达送沪。专此布陈，敬请钧安。

侄元济顿首　二十五年七月五日

1936年，张元济与李拔可（左）、高梦旦（右）于重庆南温泉合影。

---

1 张德基（1883—？），原名祖德，号新甫。张云鹤长子，张元济族伯叔。
2 1936年5月29日，张元济偕高梦旦、李拔可赴蜀游览。6月21日返回，27日抵沪。

致张有孚、张一新、张德基、张德增[1]

一

伯丰、焕若、新甫、志强叔父大人同鉴：敬复者，顷奉到昨日快信，藉悉永思公祭天宁寺前下岸东首市屋两间前抵押于星榆公[2]者，近由晟卿叔[3]、育甫弟售与刘云洲君，计得契价一千四百五十元，经诸位尊长向刘姓交涉，阻止缓付等情，敬已聆悉。按该处市产前年冬季经在阖族会议提出讨论，当时无何等决议，作为悬案。记得当时会议载有"再行酌办"之语。无论如何此事未经宗祠解决以前，受押者总不宜擅自售与他姓。承属函告刘氏不得盗买，遵已缮具公函，与寓沪近支各房连同署名，兹一并附上。敬祈詧入。如无不妥之处，并恳代呈深伯、仲良两叔祖阅过，即行饬送。以后有何见闻，并恳随时见示，无任祷盼。专此。敬请岁安。

侄元济顿首 十三年一月二十九夕

二

伯丰、焕若、新甫、志强诸位叔父大人赐鉴：敬启者，旧历十二月二十八日得吴司帐信，知寺前市房两间拟于元旦开会提议赎回办法。当以来函传示寓沪族人。经仲友兄告知，谓光绪年间，星斋公[4]曾因此事与星榆公有信往来，似尚存沈荡宅中。如能觅得，可为此案左证，于议赎一层大有裨益。惟年前不及赶回检取，甚虑提议之时证据不足，晟卿叔或有异议。不免如壬戌冬岁祭会议之际，又称为系由他姓购进，转恐松懈。又值轮局停班，寄信迟缓，故与仲友兄及季臣、季安[5]两弟联名肃上一电，文曰："乍浦转海盐张氏宗祠。寺前市房如提议赎回，求缓决。勋、济、杰、炘等。"翌日必可递到，亮蒙詧及。昨又奉到十二月二十八日赐函，藉悉刘姓业已停付契价，但又有改押于吾振卿，得价千元之议，并由诸位尊长开会，议

---

1 张有孚（1878—？），原名德周，号伯丰。张麟书长子。张一新（1883—1930），字蓉生，号焕若。张文龙子。张德增（1888—1948），后改名德桢，字祖寿，号志强。张令文子。均为张元济族伯叔。

2 即张大任（1832—1902），字佐庭，号星榆。张鸿铠子，张元济族伯叔祖。

3 即张德铼（1894—？），字玉麒，号晟卿。张大任五子，张元济族伯叔。

4 即张廷荣（1832—1894），字少园，号星斋。张应辰长子，张元济本生胞伯。

5 即张元济再从兄弟张元炘。

决专函劝阻，呈县立案。□并抄寄熙台公[1]与星榆公信稿一纸，展阅至为欣慰。当宗祠成立之始，章甫弟交阅押契，侄一时悚忽，未即录出。忝任值年三载，又未能将此事办妥。重劳诸位尊长茕筹。今读来谕，具见一秉大公，不辞劳怨，侄惭悚之余，尤深钦仰。有此熙台公信，证据确凿，晟卿叔必不至再有异言。未知元旦提议时如何情形，甚盼见示。再闻近制，县公署于立案一事均被拒却。未知如何批示？甚以为念。如尚未递进，侄愚见声明，此乃阖族公产，不得私买私卖，请其出示晓谕等情。是否可行，敬候裁核。又吾振卿系仲友兄中表，亦备具公函一通劝阻。兹抄稿附呈，并祈鉴詧。至刊登《申报》，费用既巨，将来万一发生诉讼，亦未必有何效力。侄愚以为既经呈县示禁，似已足用。如诸位尊长以为登报广告于社会上较有效力，则不如登载本省官报。侄亦已去函托人查问办法，所有费用尽可由侄处代付也。究应如何办理，并乞指示。

元济 十三年二月五日

再，第三届《征信录》稿暨物品清帐，如经仲良叔祖及诸位叔父核定后，即乞发还，以便排印。

注 原信稿端有作者原注："第二十五号"。

---

1 即张寿康（1829—1890），字景春，号熙台。张福善子，张元济再从曾伯叔祖。

致张德培[1]

一

幼仪叔父大人赐鉴：奉旧历十三日灯下手教，谨诵悉。祠前石路知己［已］加给十元，勒限完工，甚慰。但照墙前后应铺之石及石渡下三层又护桩工程未完，来示未曾提及。当必是同一石工，未知是否勒令一同完结，甚以为念。敬祈示下。前日所呈仲友兄信、帐等，请得便寄还。又炳公公受抵之祭田应请从速收回。除赎回已售之若干亩外，总共一起，不能溢出原抵数目。前经面陈，伏祈会同诸值年尊长早日办结。

再，平湖曹知事已有回信，属将广告缓登，并以附陈。

十年八月十八日

注　信稿端有作者原注："附冯宅信中，即七月十五日。"

一[2]

录廿一年六月廿九日张菊翁覆张幼仪君

奉本月二十八日手教，谨诵悉。商务印书馆旬日后开股东会，如能复业，规模甚小，至多不过从前十分之一。将来用人之权全在总经理，元济及董事不应干涉。族中数人前在公司办事者属为进言，元济已拒绝在先。陈君事同一为难，尚祈原宥。染恙将及一月[3]，尚未痊愈，恕不面陈。

三

幼仪三叔大人赐鉴：前月闻台从回沪，当令侄孙树年趋前问候，藉悉诸凡顺遂，至为欣慰。交下仲良叔祖复信，敬已诵悉。函中称祠租用包收制，有所未妥，

---

1 张德培（1881—1959），号幼仪。张令仪三子，张元济族伯叔。海盐实业家。

2 本篇录自上海图书馆编，黄嬿婉、计宏伟整理：《上海图书馆藏张元济往来信札》第四册，国家图书馆出版社2017年10月版，第390页。

3 张树年在《我的父亲张元济》中回忆，1932年，"父亲在愤懑中为商务的复兴奔忙，时感晕眩和胸闷，乃于6月初上庐山休养"。6月下旬，张元济返沪，但病并未痊愈，据《董事会记录簿》，6月底和7月初的董事会会议张元济均未能参加。

宜改办法，云云。未知长者在盐时曾讨论及之否？侄已复信陈明，当请长者招集旅沪族人商议，再贡刍荛。谨此奉闻。前日复奉电示，惊悉志强噩耗，至为伤恸。侄先未闻知，竟未能趋前祭奠，尤增悚□。近日币值日跌，物价日昂，生计大难，殊为怛急。谨呈上所书屏幅两堂，楹联两副，均已裱好，另附清单，敬求长者暨香池弟[1]于有力之朋好中为之吹嘘，代为售去，俾得稍纾涸辙，感幸何似。[2]专此渎陈，敬请暑安。香池弟均此。

侄元济顿首　（约1948年）七月二十九日

注　原信未署年份。信内"币值日跌，物价日昂"语，约为1948年事。

张元济手书对联：老去尚餐彭泽米，
梦中犹看洛阳花。

1　即张启宇（1911—？），字香池，号保滋。张一新次子，张元济族弟。

2　1943年上海物价飞涨、百业凋敝，商务印书馆也发不出股息。张元济全家经济拮据，开始鬻书维持家计。该项"业务"一直持续到1949年，他的墨宝也为有识之士所珍藏。

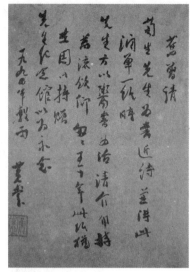

张元济鬻书润例单，1994年由黄裳赠与海盐县张元济图书馆。

四

昨日驾临，侄以卧病在床，未克迎迓，甚歉甚歉。虎尾浜房屋，县中学来信，欲侄捐助。该屋为先严手建，幼弟早亡，应归长、次两房承受。侄为次房，所得半分可以捐助，惟长房所得之半，侄未敢擅主。先兄祇有一子树源，已故。侄媳许廷芬现在北京教读，仅赖此房租收入以资用度。侄孙庆官年幼，当在求学之期。可否请县中学酌给补贴学费？侄当函饬树源侄媳，助成此事。[1]拟求长者转询该校，可否俯允？可以补贴若干？以便早日解决。不胜感祷之至。

一九五〇年五月八日

---

1 张元济祖宅位于海盐县城武原镇虎尾浜三号，是典型的清代民宅。抗战期间，海盐县城遭到极大破坏，胜利以后有识之士亟于恢复办学，又苦于缺乏教育用房。1945年9月海盐县立初级中学借用冯三乐堂复校。1946年9月，租期届满。校长吴鹿鸣专程赴沪见张元济，请求租张宅办学。张元济同意出借，象征性地每年收取大米一石作为租金。1951年，张元济主动提出将祖宅捐赠。因系祖产，当时张树源已去世，所以事先征得了侄媳许廷芬和侄孙张庆的同意。1952年，正式将旧宅36间全部捐出。可参阅张元济1951年6月17日致许廷芬函。

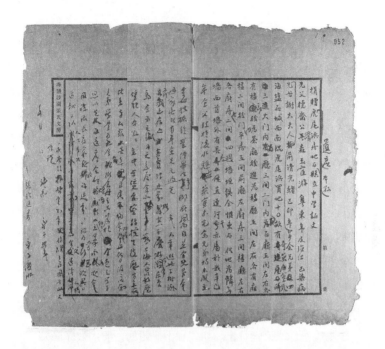

张元济起草《捐赠遗产虎尾浜房地与本县县立中学证文》。

释文：先父德斋公讳森玉，宦游粤东，年及强仕，已染病。前清己卯年，先母谢太夫人挈余兄弟回海盐，在城西南隅虎尾浜买地十〇亩有奇，筑居室凡三进：大门内为厅三间；二门内为正厅五间，左右各有楼房，后为茶厅；后进为楼厅五间，左右各有厢楼二间，后门内平房五间。前厅左厨房三间，楼厅左右各厨房二间。四周墙垣俱全，惟东与　姓地为邻，无墙；西首墙外有长巷直达河干，亦属於我。辛巳年余父殁於陵水县任，筑室未完，余兄弟均未成立。余母拮据经营，仅毕□事，聊庇风雨。自是余兄弟奉母家居者有年。余兄元煦年不幸逝世，子树源前岁亦病亡，其妻许廷芬携其子庆淞今侨居青岛。余弟元瀛早夭无后。余亦久羁上海，尝以故庐赁於人。本县县立中学赁余室教授生徒，历有年所。比来学者众，苦无力自建校舍。回忆余母在日，汲汲以余兄弟学业为念。今当推余母之志，以及於全邑之学子，思以先人遗产全部赠与本县县立中学，永为校舍之用。谋诸长房寡侄媳许廷芬，廷芬认为当行。甚欣异日造就日弘，人才辈出。余父遗泽，亦将永垂於勿替，岂不幸欤。捐赠之日，咸书此文为证。

致张德谟[1]

幹甫二叔大人赐鉴：前日晤谈后，即晚到制糖公司[2]访严君。询知所派者为上海总栈栈房，已经租定在虹口地方。栈中职员凡三人，吾叔为司帐，余一为监秤，一为管筹。三人之中，自以司帐为领袖。此任不可谓不重。至办事钟点，侄曾代陈时间过长，恐精力不继，反有贻误，以是有踌躇。严君谓轮船火车开行有时甚早，故法定时间不能不预留地步，未必日日皆是如此。又云全公司职员办事时间均以十二点钟为额，殊难独异，云云。侄思栈房发货、收货，厂在吴淞，栈在上海，所出之货，每日运栈不过数次。至售与客商，由栈发出，亦断不能时时刻刻转运无已。是名虽十二点钟，其实则休息时间亦不过少。侄愚以为此公司不为无望。吾叔初由内地出来，即以总栈司帐相托，不可不谓倚重。凡人谋生之事，最初不能不吃些辛苦，不能不冒些危险。希望之大，即在于此。侄固不敢坚请吾叔就职，然仍望三思而行。昨晨诣宁康里王宅奉访，据称文旌已回海盐。使能多留一日，或可面商进止也。该公司已于前日开幕，总栈事务重要，缺难久悬，严君之意甚盼早来。现在候信，至阴历本月弍拾壹日止。如尊意不愿俯就，即代为辞退矣。

专此。祗颂台安。新叔均此。

张元济 十四年十一月四日

---

1 张德谟（1889—？），字珍林，号幹甫。张云鹤三子、张铭三嗣子，张元济族伯叔。
2 即中华民国制糖股份有限公司，1921年年底由马玉山等人创办，是中国第一家机器制糖厂。张元济作为公司发起人和首届董事会董事，不仅在糖厂筹办初期热心招股、解决设备购进问题，而且在经营过程中不断排解危机。但因公司问题重重，张元济与糖厂的关系于1926年3月股东会后画上句号。

致婶母[1]

　　婶母大人赐鉴：前月回籍扫墓，奉谕伊嘉弟[2]在沪留学，令随时照料，自当遵办。返沪以后曾与伊通两次，其函中颇有醒悟之语。今寄呈詧阅。朱校长处去信两次，今日接有复信，一并呈览。已复以请其禁止渡浦前来租界，至告假回里，必须原保人由海盐来信（必须交邮局寄），代为陈请。是否有当，敬祈核示。当日原保人是否即沈君子祥，或系他人亦未可知。最好由婶母寄与一信，将所述各节再向朱校长陈述一过，免致两歧，祇候示遵。朱校长信阅过，并乞掷还，为幸。伊嘉弟处亦乞谕知。

十年五月五日

1　婶母（1873—1932）即张德禧夫人，孙氏文学孙韶之女，名字不详。

2　即张启驹（1903—？），字伊嘉。张德禧长子，张元济族弟。

致张富庆¹

富庆老叔大人惠鉴：敬启者，前为长者续娶之事，侄允帮助贰百元，原为绵延克宽公²一支嗣续起见。惟吾叔向来嗜酒，此于生育上大有损害，即将来于生计上亦受挤迫。此非速即戒断不可。不然吾叔将来何以自养其家？不独不能养家，且恐不能生育。即能生育，而酒毒遗传，子息亦有疾病。其害无穷。务祈长者俯采刍荛，猛自警省。侄对于祖宗敢为此药石之言，至祈采纳。至侄对于长者，祇能帮助此次婚费。所有以后一切用度，吾叔必须自己竭力营谋。如果戒酒勤慎，族中各房必能长有生活交做。否则不免困穷，须自明白。侄此次出资以后，不能再有所帮助。特先陈明，尚祈鉴察。

九年十一月二十六日

注 信稿端有作者原注："当日寄去原信，请深伯、仲良两叔祖转交，为之解粮。另寄去打样壹纸，亦托两叔祖转付宗祠汇存。元济记。"

---

1 张富庆（1877—1930），张以绪次子，张元济族伯叔。
2 即张世宏（1478—1509），字克宽。张鸾次子，张元济十四世伯祖叔。

致张元勋[1]

一

仲友二兄如见：迭奉五月二十一日、二十八日两次手书，又季臣弟出示二十三日函，均诵悉。兹逐条奉复如下：

一、需用款项日内再汇进五百元，仍交冯宅。二十一日来信谓"十五日建筑项下支二百元，修谱项下支三十元"。另单谓"付石鼓礴石石作翻垦工等七十元，以上合计付过三百元"。二十八日信谓"晓峰房领款"，兄允付二百二十元，旁注"即由永思公祭支去三百元"。另单又注"晓峰房款已另付"。是兄处并未将二百二十元付与晓峰夫人。弟寄存冯宅共八百元，未知吾兄共领过若干？除上文所言三百元外，又付出他项若干？乞便中一示。

二、永思公祭一次拨与晓峰夫人三百元，数已过半。不知伯荣夫人一面共领过若干？如由弟处垫付，断不能过二百一十元，即半数也。伊等于何时迁去？望催促。否则恐后来又生枝节。总之，尚余半数必须两房出屋之日始能付清。请与诸尊长言之。

三、到涉园翻取砖石，究竟值得否？扛运太费工。能雇船至红木桥边装运否？

四、神牌写法，弟另拟一纸。至尺寸，弟意亦略有更动。昨托幼仪叔带回一信，请取阅，兹不赘陈。至总位每分三十格，阔二尺。弟凭空甚难下断语，总须俟查明男女已故者第几世共有几，再与龛之高、阔两度互相比配，方能决定。但总位某支、某世如尚有生存者，鄙意宜留空格，免得将来添做，恐无余地。又中龛三层供始祖至十世。凡十世以上者，专位、总位一律祔入。中层供十一世至十三世（凡十三世以上专位、总位均祔入），下层供十四世（凡十四世专位、总位均祔入）。来信或称"中座"，或称"左右格"，不甚明析，故特申言以明之。左龛右龛，弟昨日信原拟各设三层，每层一世，嗣与幼仪叔谈及，或分为三层，每层三级，一级供一世，如此则可供至三十二世。照来单所拟，龛高八尺，如分三层，则每层约二尺六寸六分零。再将一层分为三级，则神牌每位高一尺或一尺二寸，上下尚不至相掩。乞再与诸位尊长酌之。又来单拟中龛台座高四尺半左右，龛座高四尺，中进深三尺半，左右进深三尺，原以稍示等级。鄙见似乎不必。又左右龛阔像间，鄙意太阔，应两旁各留若干，缘东西向尚有两龛：一祀男子未娶者，一祀女子未嫁及妾之无出者。弟另绘画图，亦乞代呈诸位尊长。

---

1 张元勋（1863—？），字蓉江，号仲友。张廷荣次子，张元济从堂兄。

五、来示照谱查点，已故者约一千一百位，恐专指男丁而言。但所配可并作一位，即总位亦可并一行写。但继室至三四人或有妾数人均生子者，则一行又写不下。此亦须预为布置。

六、谱稿望即交下。其在原来板片修补者，应否留出？在本地刻补如过于迟延，亦可寄来上海并办。统祈酌示。

七、各房通告愿设诸位者，未知通告如何说法？鄙意至迟七月底必须截止，再迟恐计算尺寸赶办不及，且捐款必须交到方能作准，若仅空言，应作无效。

再，细查宗谱现分两大支，一敬哉公支，一碧溪公支。敬哉公支下又分朴庵公支、赤符公支、圣瑞公支。然朴庵公支至十一世即止。圣瑞公支十二世亦止。是敬哉公支下实祇存赤符公一支也。碧溪公支下本祇有鸣九公一支。弟七月四号去信，第十节论神位写法，拟于"○○公支"下再加"第○房○○公支"一层拟请取销。至宗谱在第六世以后至今二十三世不再分支，未免过于笼统。是必第十一世朴全公修谱之始，追溯五世以前即行分支，诚为允当。至第十三世竹庄公第二次修谱，才隔二世，相隔未远，故不再分支。至道光九年第三次修谱，为春溪公、益斋公之时，是已至十六七世。[1]彼时距第一次修谱之时已隔五世，应再分支。彼时不办，实已错误。此次略修，自无从更定体例。但既成之后，弟拟撰一序述明此意，以告将来。未知诸位尊长及吾兄以为何如耳？现在神牌写法，祇可仍照谱式分两大支。至来稿所拟有"观生"二字，鄙意似觉无所依据，不如不用。至出身及职衔、封赠，鄙意均应叙入。但职衔祇叙本官，封赠叙实封。即谱上载有诰敕者、有封赠者，女称○恭人或宜人，否则称○氏。另拟两式，乞代呈诸位尊长。

九年七月十五日，即旧五月三十日

---

1 海盐张氏族谱始于明天启四年（1624），岁次甲子四月。第一次重修于清康熙五十八年（1719）夏。第二次重修于道光九年（1829）仲秋。光绪十三年（1887）八月发起第三次重修，谱成后因经费问题而未印，至光绪二十五年（1899）四月甫印出。1920年，张元济发起第四次重修族谱，并提出修建宗祠，请张元勋担任修谱调查主稿和建筑工程监察工作。族谱修好后，由于时局不靖，直至1934年方印出，同时将此间内容核实补入。朴庵公即张质，字朴庵。张礼次子，张元济十五世伯叔祖。赤符公即张鸾，字赤符。张礼三子，张元济十五世祖。圣瑞公即张麟，字圣瑞。张礼六子，张元济十五世伯叔祖。鸣九公即张羽皋，字鸣九。张澄三子，张元济再从十五世伯叔祖。朴全公即张亶龄（1601—1669），字如伯，号朴全。张季文三子，张元济十世族伯叔祖。竹庄公即张胪（1658—1728），字函晖，号端葵，别号竹庄。张节子，张元济八世族伯叔祖。

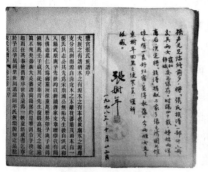 

《张氏族谱》书影。1998年，由张震之女张霭和、张静娥托张树年
捐赠给海盐县张元济图书馆。

二

仲友二哥大人如见：阳历七月二十三早寄去一信，计先到。因汽车启行时刻已到，即须付邮，不及详述。兹再将各事奉复如下：

一、谱稿望早日寄下，务须各叶分清，以便发写。至应修各板，亦请每板就原谱上将应修应增各字注明，随同各板寄下。其余无庸修改各板，暂缓寄来。缘弟处无处存放。俟将来印刷时再行寄下可也。

二、墙门戟门上字样客〔若〕写就，即寄。

三、大伯伯专位自应设立。吾兄须勉力为之。至坟墓归宗祠管理，来示所云亦在情理之内。容相机与诸尊长言之。

四、宗祠管帐应用异姓。托冯宅推荐非宜。即请深伯、仲良叔祖推举，由筹备诸君公认。请兄即与诸尊长言之。余事详公函，不复赘。

季安弟谋事当为设法。渠亦有信来。不知伊意希望每月欲薪水若干？望询明见示。

九年七月二十四日，即六月初九日

三

仲友二哥惠鉴：本月念五日交邮局寄去挂号信一件，计当递到。今日得旧历六月初十日手书，展诵祇悉。西邻王姓之屋，业已购进，俾前后进可成直线。办法甚好。三百元不免稍昂。然在我处为急需，在彼自不肯贱售。旧契虽有拟窦，然从前不予理论，此时无从说起，亦只可不问矣。但前进既加阔一丈二尺八寸，木作恐须要求加价。来示未曾道及，深以为念。周姓祖屋不允拆去，弟意即令报警，终不宜由我动手。如诸尊长之意不主呈县，亦宜由警派工拆卸。如周姓阻挠，即由警送县；如警局不允，饬工拆卸，可否即请其先行送县？统乞酌行。再伯荣房所造五间米栈业已坍塌，其西邻有厨房一间及空屋，且均倒败，并无居人，不知属于何姓？并乞查明见示。（难免不如王姓之私占我家空地。）又后进大厅现已搬空，修理工程想已估计，亦望示悉。近日又汇进四百元，仍交冯宅帐房，并告。即颂大安。再，弟拟设祭捐入宗祠，祈代请诸尊长核示。诸位尊长前、昆弟前均此。

九年七月二十七日即阴历六月十二日

四

仲友二兄惠鉴：本月二十七日寄上一函，想已到。昨与季臣细谈，所购王氏之地必未放阔开间，不过将房屋移正，东西两面添备弄两条，各得六尺。此不过猜想。然如是办理，弟意以为未妥。如仅仅上梁，墙脚尚未打夯，鄙意以为不妨改动。姑拟两策如下：

甲、将前进开间与后进原有大厅改为一律。但已经上梁，且挑礁，如此改法既须每间横梁一一放长，且工亦不小。应增款若干？乞示。

乙、中间三间不动，任令与后进原有大厅尺寸不齐，但将两边间放宽，则祗将两边间横梁加长，所费有限，可省去备弄墙料，筑工当可相抵。如嫌两边特阔，不好看，则中间庭心改为三间，两边间各自为一庭心，中隔以墙，亦请详估一价见示。

谱稿一册已收到，容评复一过再发写。即颂台安。诸位尊长、昆弟均此。

（此图系用乙策）

九年七月二十九日

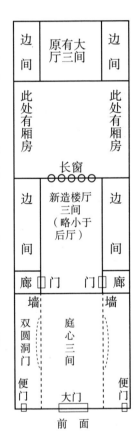

五

仲友二兄大人阁下：昨日上午接十三日手书，午后季安弟来，又得十五日信，均诵悉。祠屋图样亦阅过，比写信较为明了。请即如尊议办理。原图寄还，内用红笔加门四扇，是否可行，亦请酌定。此图甚好，仍乞寄还。弟拟留阅。又七月二十七、二十九日两次寄去之信所拟建筑之法即取消可也。季甫叔慨允捐款，极佳，惟请再详细开示一帐。前进泥木作工料共若干？后进修理及添造厢房共若干？修理米栈房、厨房共若干？油漆、方砖、玻璃、照墙、庭心、铺石共若干？又贴伯、峰等两房迁费及买进王姓屋地共若干？分作五起开列，庶知短缺若干，以便措词，是为至幸。周姓租地尚有一半，谓系乐观。心祀卖出，心记为何人？当时何人作中？卖契有无伪造？有无推收、过户、税契、纳粮等事，必须逐一查明。如确系盗卖，祇得偿价赎回。稍有疑点，未便含混。前拆屋，弟主温和；此涉赎地，弟反主强硬。请与诸尊长酌行之。又祠屋前进中间排门六扇，写客园公家训[1]，极好。左右两间是否亦做排门？家训文字甚长，放宽写满三间何如？若左右间做推板，则无庸议矣。承示神位总、专数目，弟已录出，惟尚有疑点：一世至十四世女未嫁者三位，女殇未计，恐系漏记；又十五世至二十世女未嫁者未列，又女殇祇一人，恐均有误。乞再查。原单并附上。又侧室有出者，鄙见应附入正龛或左右龛专位、总位之内，惟无出者列旁龛。七月二十五日寄去论神龛、神位制度四纸，想荷詧入。请与诸尊长商定见示，为荷。谱稿及板片均收到，容复阅一过，再发写。季安弟大约可给与一席，月薪恐不能多，数目尚未定。荷妹之子程度太差，殊难安置。奈何，奈何。诸位尊长昆弟均此。弟拟设公祭附入宗祠，尚未得复。甚盼，甚盼。前进庭心鄙意铺石板如太费，改黄石，乞开示。

九年八月一日，即六月十七日

注 信稿端有作者批注："九年八月二日寄专位收据两本。"

附录：客园公家训

一敦本。弟子之职，载诸诗书，详哉言之矣，奚烦训乎。虽然习而弃之，六经弁髦也；举而行之，片言金玉也。当遵古训，毋为旧舞，其庶乎。一睦族。脩五教，敦九族，于是乎和。勿为亲而重施，勿因远而遗恩，念之哉。尊祖之义，老子

---

1 客园公即张芳潢（1697—1766），字天士，号客园，别号养空。张腊五子，张元济七世伯叔祖。工书擅画，有名乡里，所作《客园公家训》为子孙后代所遵循。

曰:"脩之于身,其德乃真",是之谓欤?一敬身。齐将伐鲁,仲孙湫曰:"犹秉周礼,未可伐也。"世德之后,日以陵替,不敬其身,能无危乎?言则有坊,行则有表,威仪棣棣,以御强暴,夫安往而不可。一择友。入芝兰之室者,久之忘其香。入鲍鱼之肆者,久之忘其臭。化之矣。君子念之。淫房博肆,诱者谁乎,匪人损友,流害何极!一正闺。家有堂室,内外以形。事有刚柔,男女以分。闺阃之失,防于未萌。书云:"牝鸡之晨,惟家之索。"易曰:"家人嗃嗃,悔厉吉;妇子嘻嘻,终吝。"一裕后。诗曰:"贻厥孙谋,以燕翼子。"又曰:"教诲尔子,式榖似之。"裕后计也。因其材而导之,无忝厥生,可知礼也。一慎术。士农工商,古称四民,亦各养志,亦各养身。勿致窜身下贱,有玷门阃,尚克戒哉!一谨姻。婚姻之际,荣辱之阶,岂可忽乎?慎以择之,礼而行之,使可以为身也。业者,始可以为子也,妇可以为子也。妇者,始可以为女也。夫名族,固吾愿也,小姓亦可,何累焉?一尊典。冠婚丧祭,典其钜哉!典所不及,礼从义起,勿矫勿靡。一治生。俭故能广,勤则不匮。侈靡伤财,怀安失职。廉隅之衰,良系乎此。其毋以好胜而自残。

六

仲友二兄大人阁下:本月一日寄上一函,次日又寄去专位收据两本,计当递到。祠工近日情形若何?周姓租地已否交涉清楚?弟前共汇款三次:第一次八百元,第二次五百元,第三次四百元。其最后一次不知冯宅已否收到?如需用,望向冯宅支取,即未亦可垫付也。连日检阅谱稿,因各叶有伸缩,须逐行排准,方能发写。莲坡公、又新公[1]墓址不甚明析,别纸开呈,祈核明示复。神位事弟甚恐赶办不及。前月二十五号寄去论神龛神位制度一则,至今未奉复示,甚以为念。神位清稿鄙见急宜速预备。如亮侄一人无假,应请添人帮办。本月一日去信,请查明核计全数用款分别开示,能早日寄下为感。本月下旬约二十日后,当赴嘉兴友人处吊唁,先期拟回里一行,面商一切,然未能决定也。诸位尊长、昆弟均此。

九年八月六日,六月二十二日

---

1 莲坡公即张锡纯(1779—1841),字粹甫,号莲坡。张万选次子,张元济曾祖。又新公即张壎(1755—?),字又新。张光长子,张元济高族伯叔祖。

七

仲友二兄阁下：叠奉旧历六月二十四日、二十六日两次手教，谨诵悉。兹条复如下：幼仪叔昨日回里，有数事已托面达，今亦复述一过，统祈鉴督：

一、谱稿经弟复阅一过，季臣再复一次，尚有须斟酌者。昨托幼仪叔带回。现在祠工甚忙，祇可暂缓。俟祠堂落成后再办。

二、弟拟有《族系录》样张一纸，亦托幼仪叔带回。请诸尊长阅过，如以为然，即寄还，由弟校印，送祠备用。

三、神位清稿已托幼仪叔转达，宜先行清出。远祖及有祭并入各房，又已捐专位者，另开专位清册，其余每一世开一清单，均作总位算。续又缴到专位捐者即于单内抽出。如此事前预备，免致临时忙乱。但吾兄监督祠工事已太繁，亮俟帮同照料亦恐罕暇，拟由弟与季臣在沪办理，即派与振、复诸侄照钞，钞就再寄回。未知兄意何如？

四、神位原拟专位蓝地金边，刻字飞金。前日仲良叔祖谈及恐费工耗时，拟改为朱红地写金字，字可不刻，边地亦无凹凸，如此可省工省时。弟意甚为赞成，惟正龛远祖各位仍照原议。幼仪叔回，想已述及。

五、嘱致季辅叔一信已照缮，托幼仪叔带回，送兄阅过再交去，想荷督入。不知能否捐助若干？如有复音，请见示。又筠心公祭，梅生不允并入，甚望季辅叔能完全主持耳。

六、祠工费用陡增，负担加重。六月二十六日来示，设法核减，甚感。俟季辅叔回信如何再定办法。至贴晓峰、伯荣两房搬费及买进王姓房地，应由公款付给。弟有应捐礼荆公祭，除已以二百元购坟旁田外，尚有八百元，本托祠堂代为置产，此款可以先行挪用，即以付给贴搬费、购王地及后来周姓地上交涉之用。此款不能收入祠工。日后公中积有余款，应请拨还置产，作为礼荆公祭。至二十六日来示谓他姓宗祠义庄捐主均有优待之例，弟即不捐产设祭，吾祖、吾父、吾兄弟坟墓，宗祠亦当祭扫，祠堂亦当设专位。然弟殊不愿如此对于祖宗，不当有矜代之意也。此意已面陈仲良叔祖，并乞再代陈诸尊长为幸。

七、前日托幼仪叔划付冯宅帐房伍百元，祈接洽为幸。

八、周姓地事，弟意必须呈县，请官判决，亦已面陈仲良叔祖，归后当可接洽。

九、祠额尚未写。容写就即寄。兄拟示楹联，似须斟酌。碑文须俟祠工落成方能着手耳。

十、祠屋西首备衖直达后埭厢房。将来帐房必设在前埭西边间。鄙意西边间之西及东边间之东似各应开一门，以便察看备衖出入之人。未知尊意以为何如？又前埭东西走廊原拟半墙半窗，地位欠妥。兹有改动，就原图用红笔标注。乞阅过仍寄还。又楼梯原估是否两道？如一道，恐不敷用也。近日贵体已否复原？甚念。

九年八月十三日，旧历六月二十九日

八

一、专位不必再催，已报名者速收款。

二、门额如能留待最好，否则就地托人另写。

三、托幼仪叔再划五百元，否则示知设法另汇。

四、富庆叔续娶，幼仪叔属加送二三十元，已允遵。

五、宗祠帐房已定，收租事从早筹备。

六、后埭无备弄，何以来信与后埭并讲价？讲价定后望示知。琐碎事件最好包括甚内，未知以为何如耳？

七、周地判决，乞即示。

八、张平闻尚未迁成事不说，请尊长严重办理。

（1920年9月3日）

注 原信稿端有作者批注："九月三夕寄仲友信，即旧历七月二十日。"未署年份，且阳历、阴历对照相差一天。信中第三项内容与第七号信第七项内容相衔接，据以确定年份。

九

仲友二兄阁下：九月六日寄上一函，并附与周仁奇问答及公函一纸，计荷詧入。昨晚得七月二十四日来片，谨诵悉。兹条复如左：

一、前托幼仪叔划款五百元，允于月底拨交，甚感。弟拟捐设祭产，共捌百元。又墓旁田四亩有零。兹拟托幼仪叔再拨三百元，作为弟捐设礼荆公祭之款。此款请收入祭款，并代陈明诸尊长，作为垫付津贴迁移费及购入王姓房地之用，勿与祠工相混。至祠工原拟二千元，此时不敷，随时见示，由弟拨付。但增加以壹千元为限，应请搏节动用。

二、后进更换椽子、梁柱及装修，并厢房栈房，木作包式百五十元。备衖是否一并在内？泥作包式百四十工，是否仍系自己办料？至砖瓦、石灰等料共须若干？亦祈核估。又铺方砖若干？（前包壹千二百块，每块一角六分，是否一切在内？）条砖若干？油漆若干？玻璃若干？铺前后天井若干？照墙若干？祈逐项估示，以便通盘筹算。

三、周姓地事，鄙意既经两次传讯，必须到堂，幸勿自误。来示称有本家水官与伊同来，弟却未见。嗣查有人同来，在门外等候。弟上月前回里时，其人曾至弟寓捏称吉人叔祖令伊来沪，分送开会传单，强索盘费。当时不知为何许人，今始恍然。吾族已有蔼官，又有此水官。何不肖子弟如此之多！可叹，可叹！

四、周姓所用我处之地，无论伊称系租系卖，必须一律收回，断不可一事分两事做。亦不可稍有退让，（即一分一毫不能少。）至恳，至恳。即颂台安。诸位尊长昆弟均此。

九年九月八日，即旧历七月二十六日

十

仲友二兄大人阁下，诸位尊长昆弟同鉴：昨日由邮局挂号寄去租契及立契、传知各二千张，又明信片一纸，计均递到。晚归寓，得十六日手教，谨诵悉。条答于左：

一、吴君所书祠额甚好，当托幼仪叔带还。

二、县批反复，或系吾兄与章甫弟听不清楚。今事已如此，务宜心平气和，切勿焦急从事。章甫弟性尤激直，千万忍耐。凡事总有理在，到堂时尤宜格外和平。现在办法只有抢定两间是租地，租地必须归还。租期既已限满，自应拆屋，酌量贴还工价，已属格外体恤。又白契两张，必须令锦堂叔同时进禀驳斥。如官驳我既系张姓之地，何以自己事前反不知悉？则可云乱后一片荒地，且系各房轮值，租簿不全。周姓既经承认，自应理论，但周姓既已建造楼房，占用甚久，我处亦无令其拆让（指楼房说）之意，但既系我张姓先代遗产，自应收回，令其改作租地，租价请官裁断，租期可以定。如周姓住一日，租与一日，除非卖与他姓或房屋倒破，再行收回。又虑官如驳斥后面帮岸周姓先占后租一层，则可云既已占用，彼时又不自用，故与订租。如云河埠之地不在内，则租契明云到河云云。又拆让平屋，贴费如官断酌加，必须说出理由。若仍持周济之说，则酌加一二十元，似可勿驳，但亦勿轻允，必须切实订明，请给堂断，方能允许，口供亦须详细看明，勿任反复。此为最后之一办法。但以理相持则可，千万勿可任气。若万一弄僵，弟亦无能为力也。

三、周寿川夫人胡闹，祗可请祥叔调处。我处墙脊万勿可滴水在周姓屋上。至要，至要。

四、阴沟可暂缓。冬间未必有大雨。俟明春进行。

贱恙已痊，乞勿念。即日进京，有事乞速示[1]。后进窗门玻璃尺寸速开单寄下。即颂台安。

九年九月二十九日，即八月十八日

和解一层必须声明早已商量许久，无法解决，故致起诉。拆屋给钱系遵初五日堂谕。官认为和解，若可和解，何必诉讼。故祇能认为讯断。

注　原信稿末这一段文字，作者旁注"在第一页上"，但未标明应插入第一页何处。

十一

仲友二兄大人阁下：叠上两函，又一片，想均达到。幼仪叔回里，谅亦晤面。周姓租地收回，尚费周折，此事必须慎重出之。锦堂叔驳呈必须同时递进。详细情形已面告幼仪叔转达诸位尊长，谅必有妥善办法也。弟有事即须入京，祠工用款已托幼仪叔划计捌百元，仍送冯宅帐房代收，即祈接洽。弟前认写祠堂屏幅，现因无暇，祇可作罢。楹联尺寸尚未寄到，亦来不及，祇可后办。收租收据，清据及租簿现正赶办，当不致误事。玻璃亦即饬办，办妥即陆续运上。至后进窗框尺寸至今未到，甚为焦急，祇可俟弟归后再办。归期约在旧历九月中旬矣。所有祠工前请泥、木、石、漆同时并举，务祈设法照办，否则十月朔开祠断来不及。

前日托幼仪叔带回铅版一方，呈仲良叔祖，想荷詧入。

九年十月一日，即八月二十日

十二

一、速补进锦堂叔驳呈。

二、告知购进玻璃尺寸、块数、价目，由平湖轮运，酒力给讫。

三、寄回拟就各族规则速呈尊长阅过，速寄回季臣发排。

四、寄回租务收据、清据，前交邮寄，传知租券托幼仪叔带铅版。问仲良叔祖

1　张元济1920年10月5日出发进京。此次进京主要与孙伯恒等商谈分馆建设事；商谈印《四库全书》事；访购古书；经蒋百里介绍，与郑振铎商谈革新《小说月报》事。10月30日离京南返。

已否收齐。

五、祠工必须九月落成，迟恐我又要出门。

九年十月四日，即八月二十三日

同日寄诸尊长一信，未留稿。寄规则草案六种。九年十月五日又寄仲友一信，寄玻璃。

十三

仲友二兄惠鉴：抵沪以来，忙冗万分[1]。前日得旧历十六日手教，展诵祗悉。祠内工程月底可一律完竣，闻之甚慰。兹将各事条列于左，伏祈鉴詧：

一、建筑费尚须弍百元，请仍照旧例由推定筹备二人盖章，向冯宅帐房支领。即弟前在海盐交去弍百元，系吾兄所出收条，请仍查明，照旧例另出正式收条两纸为要。（请族中尊长二人□明款已于某月某日收到。此系补出收条。）至开祠日所用之款则不须另付收条也。

二、后进天井两面改铺黄石片，两边之小天井亦拟照样一铺，请分别估价示知。俟弟后信到后再定。前本陈明现尚未奉到，故催问。

三、门窗需用插销乞速查明尺寸、副数，又神橱添制玻璃窗须配玻璃，亦请开明尺寸、片数，以便代办。

四、前属幼田代抄今年五月间公呈及县批，又祠堂大祭礼节，尚未收到，乞速饬抄就寄下。办事何以如此迁缓？甚非宜也。宜戒之。

五、收回周姓租地案需抄全卷。弟临行时曾面托，亦乞查催速抄寄下。（向县署抄案，系育甫弟经手。）

六、挂宗祠章程木牌铁钩，上海一时买不到。即请在本地铁店购办，此间不再搜买矣。

七、季臣云，何姓之田必须壹千弍百元。弟意以为太贵，乞转禀诸位尊长。今年租务若何？亦乞转恳诸尊长从严督饬，并示知大概，为荷。

九年十二月一日

---

1 因宗祠建成，11月5日张元济回海盐，13日合族行始祭礼，23日返沪后，与高凤谦商定改组《小说月报》事宜。

十四

仲友二兄惠鉴：得旧历十月二十五日手教。先是季臣出示二十日信，均诵悉。谨条复如左：

一、后埭天井铺黄石片，知已定。工料合洋拾式元。又两边间小天井，又前埭东西铺沿堵走路一条，请一并核估见示。应包与一人办理。此等小工作不宜分起转致分歧也。

二、玻璃窗六十三扇，当照配。记得后埭厢房及后埭边间前面窗（后面可用蛎壳）均有玻璃，不知前次已配就否？如未配就，乞示下，一并办理。

三、长窗插销前后埭五寸四十付，弟记得后埭中间八扇，两副间各八扇，是已二十四房［扇？］。前埭是否两堂均八扇？乞示。又前后埭半窗四寸四十付，弟意后埭边间后面钉蛎壳，半窗可用本地铁搭钮，不必用插销。除去后面蛎壳窗一扇外，是否尚须三十二付？乞查示。又来示称"两厢房八扇应用由外横销"，想系在外加销之故。弟当饬源佺往看，不知有无现成式样耳？

四、抄示大祭礼节及周案全卷已收到。其历次口供必须设法抄到。此系祠工应办之事，吾兄必须设法办到。至要，至要。五月间立祠并祭公呈，来示云一并抄来，然细检并不在内。想吾兄亦未曾复查。此呈稿及县批均录在阖族会议录内，请再饬幼田一抄。年月日必须抄入，千万不可忘记。

五、来示称漆作、泥作点工结算为难。当时均有承揽及工作簿子，何以为难？至窑货价目甚巨，当时之折，取货之时何以不讲价？何以此时不能结算？甚不可解。电灯厂如何结算，可问幼仪叔便知。

六、所有建筑费原帐只有一本，并在一起，甚不易看，必须分出。某木作、某泥作点工若干，包工若干；漆作包工若干，点工若干；石作料若干，包工若干，点工若干；铁作料若干，工若干；砖（某种）若干，瓦若干，旧砖料若干，旧石料若干，灰若干，方砖料若干，工若干，麻刀纸筋若干，油漆料若干，漆工若干。此外有可以分列门类者，亦列为一门。如过于琐碎者，物料则称杂件，费用则称杂用，但何物、何用仍须写明。至神龛、神位及器具应另行划出，此应归入宗祠支款。神位捐款亦应作为宗祠入款。所有抄清簿之事应属吴介翁及幼田帮同办理。务祈速办。弟拟十二月初旬回盐，彼时必须结束一切，即取清帐，印《征信录》也。

七、富庆叔姻事，知已订褚宅婢女，甚慰。弟前允助二百元，现在自应加助三十元，另送贺分十元，合二百四十元，请告深伯、仲良两叔祖。所有二百三十元凭两长者收条向冯宅帐房取款。此款不能迳交媒人，必须经由两长者之手，亲与褚宅接洽方妥。

八、弟前致富庆叔一信，劝其戒酒，并声明以后不能再有帮助，应由伊自己竭力营谋。昨接伊来信，未知是何人代写？现复伊一信，亦祈吾兄代为解释，并仍以劝其戒酒为第一要著。

九、得三妹信，知前存建筑费二百元已由吾兄取去。至弟前在海盐面交二百元，吾兄允另出正式收条。如尚未交至冯宅，请一并交去，声明该款于九月十日由弟送交，已有临时收据，此系补出正式收据等语，免致错乱。是为至要。即请台安。此信乞呈诸位值年长者一阅。

九年十二月七日

注　信稿第三点上端有作者批注："两厢房长窗八扇，弟意四扇用直销，四扇用横销。至半窗八扇应一律用直插销。是否已经算入？"

十五

仲友二兄惠鉴：二十六日寄去玻璃三箱，计当收到。奉十一月十六日晚手示，谨诵悉。二十四晨所发一信，想已续到。幼田尚未来，想明后日必可抵沪。收支清册已阅过，门类分析未合，又有未列人名者，将来印《征信录》恐被人指摘。凡有承揽发票及收条者，均应一律随帐检呈，请筹备各员及值年到祠复核。弟欲减轻吾兄之责任，表著吾兄之勤劳，故不惮为再三之渎，想蒙鉴谅。兹附寄筹备、值年诸位尊长、昆弟一信，请阅后转交为幸。增出之款竟有三百余元之多。弟前闻兄言，谓三千四百元已足，故归沪后不复预备。今年用款太大，颇费调度矣。修谱望从速收束。弟拟十二月中旬回里。余不一一。即颂台安。

弟元济顿首　九年十二月三十日

抄件两纸已由季臣棣交到，可勿念。

十六

仲友二兄如见：接五月一日来信，并石渡照壁图样，又细帐一纸，又禀稿二件，均诵悉。陶、周两姓后门必须堵塞，无论如何商恳，断难通融。左右加做圈门亦无不可，但不必装栅门。即有栅门亦不能常常派人看守，虽上锁亦难免被扭去也。西首既做圈门，欲与东面配尺寸齐，与陶姓界相离尚有二尺八寸。此二尺八寸之地，必须加接小墙一段，殊不好看，然亦无法，祇可先筑此小墙，容弟归来另想办法可耳。原图附还，有未明白之处，弟已逐一签出奉询，仍乞示复。兹托冯理仲夫人[1]带回二百元，存三妹处。请吾兄仍恳诸尊长盖章立据往取。原估约一百五十元，至多不得过二百元，务祈撙节动用为幸。种树可缓，容弟日后返里再定。上平湖县呈稿尚须修正，容连致曹知事信一并寄还。筠生弟有信来云，要来沪，嘱弟谋事。万办不到。乞代告，力阻。再石作包做照墙八十五工计四十二元五角，泥作包做照墙七十工计二十一元，此时尚未完工，必须扣住，万不可付过。已做工值之外，譬如做过十工，至多祗能付与六七工之工价。是为至要。祠联已代改就，尚觉未能十分妥协。姑缮去，尚拟修改，乞缓写。谱稿务请吾兄亲诣各家详询一切，免有遗漏。至恳，至恳。炳叔祖母处赎田事，请代陈诸尊长饬司帐速即进行。

十年五月三日

十七

仲友二兄大人如见：前于本月三日奉复一函，计已达到。寄冯氏妹处二百元不知已往领否？寄还石渡照壁图想蒙鉴及。两边圈门千万不必装栅门。此为虚糜，毫无用处。种树亦可从缓，应种何树，将来再行酌定。石作、泥作工资必须扣留若干，庶完工之日有不妥之处，可令修改。若辈祗知苟且，幸乞留意。祠联颇思修改，然一时意想不出。如不能待，即付写刻亦可。谱稿务请移驾再诣各房一查。其无男丁或不甚识字各房尤为紧要。想拜托。炳叔祖母处赎田事，前请代陈诸尊长饬司帐速叩进行。现在如何？乞示。外致吉人叔祖又吴司帐函乞分别饬交，请即饬送。敬请台安。前函陈嘉兴会馆一节谅蒙督及。

十年五月八日

十八

仲友二哥大人如见：昨日接到旧历三月二十八日又五月九日函片，均诵悉。石渡照墙因天雨，未能从速竣工，亦无可如何之事。承示东做堵墙三尺六寸，西做堵墙六尺四寸。西面多出二尺八寸，殊不好看。未知有何办法？弟意西面亦于三尺六寸之处索性筑墙一道，由街直至照墙为止，西至陶界留出一夹弄，临街做一小门，

---

1 冯理仲即冯黄中的弟弟，冯理仲夫人即张元淑的弟媳。据冯氏世系表，冯理仲配徐氏，继乌镇胡氏。

此弄内随时并不出入，只堆存乱石残砖及各处拆来之旧料。但砌墙未免太昂。可否改用打墙？如此则靠陶姓之墙可以省出，仅做靠周姓之墙已足。但靠周姓之墙亦不必筑至河口，其后门如在照墙以南，即筑至其后门为止；如在照墙以北，即筑至照墙为此。如此则两面均无五丈之长。但东西堵墙，即左右圈门之墙既高一丈二尺，弟意可连□脊在内。靠周、陶两姓之墙亦必须高一丈二尺，连□脊在内，方为好看。陶姓一面夹弄是否决做？弟意尚未能定，请吾兄各估一价。三种估单均属工匠逐项写明寄下一阅。即砌墙、打墙互相比较，再行决定。附去一图，请详细督阅。图中有奉询各节，请逐一批注，并吾兄前寄来之图一并从速寄下（亦请批注），是为至恳。再，东西堵墙弟意断不必做木栅，毫无用处，务请作罢。千万，千万。来信圈洞栅门之旁注"柏油石槛"四字，上二字弟不能解，未知何字？亦祈再为示下。近日因公司开股东会，事甚忙[1]。为大白公坟田递平湖禀尚无暇改动。稍缓数日，亦行寄去。专此奉复，敬颂台安。

再，祠后米栈西面两间木窗已经装好，底下短墙尚未砌好，又朝南三间未铺街沿。所有未完工程，请吾兄一并同时了结。至托。又寄蓼婶一信，恐伊未必能识字，吾兄如有暇，即请面交，代为解释，故未封也。

（1921年）五月十二日

注 原信未署年份。信端有"五月九日函片"语，查1921年5月9日，张元勋有邮资明信片致张元济，内容与是信相衔接。

十九

仲友二哥大人如见：前月二十七日寄值年公函（编为第一号）曾达览否？日前季弟出示旧历四月二十七日手书，展诵敬悉。捐款一层，自己叔侄兄弟，何必客气。弟与季弟之款已汇交安叔，即日必交到祠堂矣。吾兄可不过问。子孙捐款总是为祖宗做事又何必分彼此乎！兄日后如被举为值年，即可藉此住祠督察。此时不过留一根子，想能默会。六公公所云"监视"一层，甚多不妥，容日后面谈。复信一纸，印出附呈，乞督阅。照墙、石埠工程若何？甚念。弟应找款若干？便乞示知，即颂台安。

十年六月二日

---

1 应指1921年5月14日商务印书馆民国十年股东常会。会议假上海总商会议事厅召开，张元济出席。会议选举了新一届董事和监察人。

二十

仲友二哥大人如见：本月二日寄去一信，由季臣附呈，计早达到。迄今尚未得复，甚为驰系。石埠、照墙及祠后米栈尾工已否完竣？弟处应找款若干？望示复。五月二十七日致诸位值年第一号信想已督及。清莲寺祖茔及祭田事拟请吾兄偏劳一行，想荷俯允。对于吴、周，切勿过于强硬。兹又寄第二号值年信，祈取阅。又五月二十六日寄季辅叔信，拟改造董家弄市房，并拟定甲、乙两策，请其提议。得复知已定议，但不知系用甲策抑乙策？望示知。专此。即颂台安。

十年六月十五日

二十一

得旧历五月十四日手示，谨诵悉。条复如下：

一、承示，宗祠照墙、石埠及祠后米栈尾工均已告竣，闻之甚慰。但前数日有人来诏，由街口至照墙空地尚未铺石。又前承示，石埠最下三级因水满不能打桩，近来雨多，水必未退。何时将桩打好，望示悉。前印宗祠章程[1]一百分，钉过三十本，尚有七十本未钉，计得十八元三角一分。兹将发运收条附去。另托冯宅送去洋十七元一角九，抵清此次工程之费，请仍代取值年收条寄下，为荷。

二、青莲寺祖茔及祭田案所有办法、情形，务祈随见示。

三、祠西新买屋添造平屋，请由值年正式会议决定。弟不便单独可否。

四、董家弄改建市房，前堍新料，后堍旧料，包得四百元，甚善。至该处同人公信诏方向不利，要求缓至冬季一节，本地是否有此习惯？如果有此习惯，不能不通融。否则亦未便独开其例。请转陈诸值年开会议决定。

五、北上之期现尚未定。季辅叔来信云，月底回盐，邀弟同归，但恐不及抽身。七月中旬常祭，如在上海，当抽身回里一行耳。[2]

再，澄清侄[3]近日脑病愈深，大有怔忡之象。万事灰心，时欲逃生。前日贞侄女偕伊来寓。神情恍惚，言语绝少，面色亦极不佳。闻夜来竟不能睡，甚为可忧。炳哥[4]毕生吃苦，甚知自爱，勤俭持家。弟极爱之，重之。因偕往柯医生处，请其详加诊视，究系何病。据称难求速效，静养或可复原，劝往伊所办公立医院。弟随

---

1 《宗祠章程》由张元济撰拟，共六章二十九条。

2 实际上张元济7月中旬未能回海盐。1921年7月16日，胡适应邀到上海商务印书馆编译所考察工作，直到9月7日。张元济及高层人员亲自接待。

3 即张继壎（1896—1933），字澄清，号子钧。张元燕长子，张元济从堂侄。

4 即张元燕（1856—1912），字炳文，号伯钧。张廷荣长子，张元济从堂兄。

即同往，为之布置一切。两日以来，夜已能睡，人亦快活。但伊之店亟应妥为筹划。昨告季弟，函约我兄来沪商定办法，望即启行，不胜祷盼之至。

十年六月二十三日，即五月十八日

附录：宗祠总章（民国九年旧历十月初一日议定）

第一章　总纲

第一条　宗祠为阖族所公设，以敬宗睦族为主旨。

第二条　宗祠经费以现在归并之祭产及续置续捐之所收入者充之。

第二章　奉祀

第三条　始祖、始迁祖以下，在宗祠成立前亡故者，一律设位奉祀。

第四条　始祖、始迁祖至十四世祖，设神位於中龛；以下分别昭穆，设神位於左、右龛。

第五条　男子未娶及幼殇者，设神位於左侧龛；妾之无出者及女子之未嫁者，设神位於右侧龛。

第六条　各房以先代祭产归并宗祠者，其原以该产奉祀之各代，於宗祠设专位，其坟墓永远由宗祠祭扫。

第七条　族人捐助祠产者，其本人以上之各代，亦得於宗祠设专位。如所捐有上等田十亩或同等之财产，其以上各代之坟墓永远由宗祠祭扫，但只以葬地在一处者为限；如葬地不同在一处，其后裔欲统归宗祠祭扫者，其捐入之田产应比例增加。

第八条　族人愿为其先代於宗祠设专位者，每位应纳设位费银币五圆。如夫妇先后设位者，应再补纳并位费银币二圆。

第九条　族人於宗祠成立后亡故、如欲入祠设专位者，每位应纳设位费银币五圆，附入总位者，每位纳壹圆。其入祠规则别定之。

第十条　每年春、秋二祭为大祭，岁朝及中元节为常祭。其详细规则及墓祭规则别定之。

第三章　祠产

第十一条　始祖公祭、永思公祭本不轮值，由本年起归入宗祠管理；向例由各房轮值者，为大白公祭、有谷公祭、敬成公祭、西新公祭、观生公祭、懋德公祭、厚生公祭、汇斋公祭，亦由本年起公议废去轮值之例，归入宗祠管理。

（附注）筠心公祭亦於本年十月议定，归入宗祠管理。

第十二条　所有祭产归入宗祠管理，即永远作为祠产，为阖族所公有，无论如何，不得变更。

第十三条　祠产收入务宜撙节支用，每年至少须积存若干，增置产业。

第十四条　所有祠产由阖族公推值年公同管理。其管理规则别定之。

第四章　恤养

第十五条　族中男女亡故或孤寡无依、确系贫苦者，给予抚恤。其规则别定之。

第十六条　祠中附设家塾，教授阖族子弟，其范围之广狭，视经费之多寡而定。
　　　　　其规则别定之。

第五章　职掌

第十七条　设值年六人，专司祭祀及监督祠中出纳、会计及一切事务。

第十八条　值年由阖族公推，不论房分年辈，一年一任，於每年秋祭日推定。得连
　　　　　推连任，但连任至多以三次为限。

第十九条　值年办事，受阖族之稽察。其办事规则别定之。但阖族之稽察，以每年大
　　　　　祭、常祭之日为限。

第二十条　设司帐一人，延聘异姓充任，掌管全祠出纳、会计及一切庶务，受值年之
　　　　　指挥。司租无定额，亦延聘异姓充任，掌管征收租项及关于祠产之事，
　　　　　受值年及司帐之指挥。其聘用职员规则、出纳规则、会计规则、征收规
　　　　　则别定之。

第六章　禁制

第二十一条　祠中款项，无论何人，不得借用。

第二十二条　祠中除饮胙外，不得借座宴会。

第二十三条　祠中房屋及书籍、物品，无论何人，不得借用。

第二十四条　祠中不得寄存什物及停放灵柩。

第二十五条　除族人因祭祀来自他处，及值年在祠办事，其家不在本城者，得暂寄宿
　　　　　　祠中，并供给饮食，至多以一星期为限；外无论何人，不得借宿。但特别
　　　　　　捐助宗祠经费在五百元以上者，不在此例。

第七章　附则

第二十六条　遇有重大事务必须阖族公议者，应由宗祠用族长名义通告阖族，於宗
　　　　　　祠开阖族大会。但必须阖族及岁男子有过半数到会，再以多数议决
　　　　　　之。如到会不能过半数，所有议定之事不能作为决议，由宗祠再将
　　　　　　会议之结果用族长之名义通告阖族，至少须於一个月以后开第二次会
　　　　　　议，但开议时可不论人数多少，只以多数议决之。

第二十七条　大祭、常祭日礼毕后，开阖族常会，凡与祭之及岁男子均得与议。关于
　　　　　　阖族及宗祠寻常事务，均於此处理之。如有迫不及待之事，得开临事
　　　　　　阖族常会，但召集以在籍族人为限。

第二十八条　值年有不称职时，得由值年二人以上或同族五人以上提出，应召集阖族
　　　　　　大会处理之。

第二十九条　本总章有未能适用时，得由值年三人以上或同族七人以上提出，应召集
　　　　　　阖族大会改定之。

二十二

仲友二哥大人如晤：前日得仲良叔祖信，谓平湖讼事被告到案，兄与吉人叔祖同往料理云云。以为廿三日去信未必能即达，而澄侄之病难望速痊，其店务不能不速为解决，故又寄平湖一信，请安叔转交，函中请兄在平事毕即来上海，勿庸返盐再来，以免耽搁等语。今得冯宅转来阳历五月二十日手书，乃知并未赴平，仲良叔祖之言，系指以前事，所谓到案，则其信中误传也。董家弄邻居公函付还，海盐既有此习惯，何不早为筹及，祠中致有损失，弟甚为负疚。祠中对联，族长一副应在飨堂后柱南向。仲良叔祖撰有一副，如文六公公两位不做，则应在飨堂前柱东西向。我兄一副应在飨堂左右侧龛南靠壁柱上，东西向。弟所撰一副应在前厅东西两侧间靠壁柱上，东西向，或家训屏门左右柱上南向。请与诸位叔祖商定，量准尺寸（用英尺）见示，以便早日缮写。请总统写匾，容即去函，不知来得及否。族谱尚未复校，在沪事忙，拟到京后稍暇可以埋头整理。命题小像，拟俟秋祭在盐时，心绪较闲再为着笔。想蒙亮允。祠堂加油两次，恐怕嫌薄，能多加一套否？此须与内行人商量，弟不过聊述意见而已。祠西新买之地，建筑平房，工作频兴，支持不易，现亦只可成事不说耳。前致值年第二号信，拟搜辑先人著述，及他人题赠及吟咏涉园之作，此信想已阅及，并望吾兄代为搜求，至恳至恳。凡海盐人诗文集中，总有数首关涉吾家者，弟已简阅若干种，摘出不少，另开一单，在单内各书可以不必复阅。如单内所未列者务必借来一阅，其中有关涉吾家之诗文，即祈录出寄下，并乞转告仲良叔祖及其他族人之关心此事者。海盐人诗文集弟颇欲收买，已托黄仰旃，并望兄为我留意。手复，即请大安。再，贞侄女来说，伊夫家有祖遗房屋一所，典与王姓，典期已满。闻王姓托吉人叔祖转押与甘姓。渠意须将典期再展若干年，于契上批明，并属代恳吉人叔祖。兹将信附去，乞阅过转呈，并为办洽。又启。

十年六月廿七日即五月廿二日

海盐人诗文集敝处已有，曾从中钞出关涉吾家者，计十种如下，可不必再查：

《朱笠亭诗集》（朱炎）、《八铭堂诗稿》（吴懋政）、《灯庵诗钞》（吴文晖）、《匏斋诗钞》（吴以敬）、《倚晴楼诗集》（黄燮清）、《妙吉祥室诗钞》（朱葵之）、《茗斋集》（彭孙贻）、《松桂堂集》（彭孙遹）、《春星草堂诗稿》（吴熙）、《白沃山房诗》（马纬云）。宣甫叔祖[1]著有《契菊晏如室诗稿》，弟曾为

---

1 即张德明（1829—1893），字黻庭，号宣甫。张镐三子，张元济族伯叔祖。著有《契菊晏如室诗草》。

之印过，现已无存，乞代觅一册寄下。文甫伯为人题画诗词必不少，祈设法搜罗。又春溪公讳伯魁著有《寄吾庐初稿》，光绪年间曾有人见过，祈代访。

二十三

仲友二哥大人如见：季弟出示手书，谨悉还盐以后痢疾仍未痊愈，甚为系念。既服泻油，饮食最为注意。近日病情若何？务祈示我一二。平湖本地报纸记载我处讼案，颇偏袒吴姓。弟意不能不将实在情形前往登报。请即将第一、二次公呈速即抄出，飞寄弟处，当撰成告白寄平，托季辅叔代誊，万勿延缓。至要。王岸头张姓联宗一事，弟以为必须查明谱系。如无可指证，断难应允。此等事不能不郑重也。来书在家，此时在馆，不及详复，容后述。即请大安。

十年七月二十一日

二十四

又请总统书祠匾业经寄到，兹寄还。必须做金字，地则蓝色或红色均可。四圈宜用花边，切勿用龙匾。系"清河世望"四字，署款在下首。大总统印如上蓝地，则宜用红字白地（此白地系指印内空地而言），印以外仍系蓝地；如用红地，则印文亦袛能用金色，印内亦袛能用红地矣。统祈诸位尊长酌定行之。秘书厅来信称系亲题，并将原信附呈，即祈存在祠堂。不用"大总统题颁"而用姓名者，系论私交，故更为客气也[1]。另附匾式一纸，祈詧核。弟有祠联一对挂在何处？请诸位尊长指示，并请吾兄代为量准尺寸（联语十三字，每字约占七八寸，不知可否？），并用英尺，切不可用木尺及裁衣尺。至要。族长祠联前已代撰，如未托人写，弟可并书，乞一并示明尺寸。一切匾联务于十月朝大祭以前办妥，即于祭悬挂。是为至幸。再祠中飨堂三楹，只中间有匾，似不好看。左右应否觅人题送？并乞与诸位尊长一商示下。[2]

十年九月二日

---

1 1892年张元济到北京参加会试，即与在京的一批士人建立了联系和交往，其中包括后来任中华民国第五任总统的徐世昌。徐世昌（1855—1939），字卜五，号菊人，又号弢斋、东海、涛斋，直隶（今河北）天津人。1918年被国会选为民国大总统。著有《清儒学案》《退耕堂集》《水竹村人集》等书。

2 以上祠匾和祠联现已不存，毁于何时待考。

二十五

仲友二兄大人赐鉴：本月十八日寄上一函，并捐缴黄墙里地基公产公启一纸，计已达到。前晚接阴历七月七日快信，展诵袛悉。同时又接包裹收条一纸，于昨日派人往邮局领到，内有旧帐两本、卢信禀稿并吾兄八月十六日所发一函亦已聆悉。查阅租簿"西新嘉庆"一本与现在佃户名字不相符合，固有可言；而"有谷"一本记至宣统二年而止，相隔不过十余年，何以姓名相同者袛有黄金寿一户？此外如汤春福所种之三亩，是否即旧佃汤圣龙？又葛明山之二亩九分是否即旧佃葛连元？又葛福山、耕和尚之一亩是否即旧佃葛四元、发元？以上亩数同佃户之姓亦同，故弟尚可踪迹，此外则亩数既有分析，姓名亦已更改，竟无可追寻矣。然此并不要紧，惟有一层难免被该场批驳：谓旧帐与租契亩数不同，佃户不同，有何凭据？宗祠可以令佃户立契。弟因想到各房移交之时，必有凭据。记得西新有京折一个，有谷恐即是宣统二年以后之新帐簿。此两件亦应一并呈案，庶可衔接。现在既有此项旧帐簿可以为凭，补缴欠课一层，尚可抵拒，仍旧不提，留为将来最后之让步。至发给执照一事，系指升科缴价者而言。我本旧产，何必请其给照？故呈文袛请追寻旧时册名，另给户折。弟意如此办理，似尚稳妥。兹将呈稿先行寄还，并致卢悌君信，请代呈诸位值年尊长。如无不妥，即祈缮递，务必粘贴印花。至所呈新旧帐簿、帐折几件，租契几张，呈递之时，必须属司帐向该场署收发处逐一点交，务于该场署所出收据上逐一载明，勿得稍有错误。该收据务必郑重保存，如有遗失，惟司帐是问！至寄来旧租簿两本，弟意必须抄录一分。如在沪弟侄辈可以担任，拟即属令速抄，并将嘉庆帐簿首叶照相。一俟钞完，即行寄还。至有谷宣统二年以后新簿，西新所交京折，亦均应抄存，请即属司帐、司租赶紧照办。至租契，只须抄一清单，记明佃户姓名、号数、张数。至各该荡地四至，应请查明田产清册上已否过录，如未过录，应请督饬司帐赶紧补过。此事本于阖族会议时委托吾兄办理，故此时更不能辞其责也。春溪公墓田、墓地，既有卖契，应当追查明白，将该卖契钞录一分存在宗祠。弟于回盐祭扫时再行提议。公墓应用地亩，弟意以宽大为贵。来图收到，所必须购用者已于图上注明，兹寄还，请留意，亦不必急急。如公平交易，弟所甚愿。若云既已有钱，不妨多出，则弟所不能承认也。专此。敬问贵体已否痊愈？千万珍重。

弟张元济顿首　十二年八月二十一日，即七月初十日

诸位值年尊长前不另详禀，请即以此信代陈，并饬司帐汇齐存卷备查。

注　信稿端有作者批注：12/8/27，又寄去告知寄还租帐，挂号。租帐四本双挂号。

二十六

仲友二兄大人赐鉴：奉九月十三日手书，并抄示鲍郎场第九号批词，敬已诵悉。顷悌君又有信来，附到童知事复信。兹一并寄上（仍请寄还），乞代呈诸位值年尊长。其信中云云，与批词不甚符合。以弟测之，似未必转请核示。此时有两种办法：

甲、将全案情形具呈运使及垦放局，请其核准发给执照。但如此办法，弟预料必批令先行补粮。补粮若干，无从预测。究竟豁免旧欠最近在何年何月？此层必须查明，庶有边际，但终难免破钞。

乙、此时不必举动。好在场署已有两案，断不能将我家旧产另行招垦。即将来实行清丈，我处亦立脚甚稳，彼时再与理论亦无不可。但如此办理，此案未知悬宕至何时为了？我处所呈租簿、契折，均存场署。万一遗失，以后反觉为难。似不如即乘此时一气呵成，办理完结，可以一劳永逸。

以上两策，何去何从，弟殊不敢擅决，还祈代请诸位值年尊长训示。另复悌君一信亦祈先呈诸尊长阅过封寄。再今日忽本邑小虹桥朱卓人来信，言藏有文圃公诗稿五册，未知是否可信？朱君亦不知为何许人？兹将原信呈阅。朱君向做何事？其人行径若何？亦祈示悉。察其语气，似有居奇之意。拟请吾兄持弟函往访，并索原书一阅。是否文圃公手笔？抑由他人代钞？字迹是否清楚？有无同录？全书是否分体？抑系编年？如系分体，则请查五七古、五七律、五七绝及排律各有若干首。如系编年，则祇能查明某册有若干首，并问明让价若干，详细见示。如能允弟所请，寄来沪上一阅，则更妙矣。专此。敬请台安。

弟元济顿首　（1923年）九月二十日

诸位值年尊长前祈代请安。幼樵叔家事已否了结？弟力劝其息讼，并代拟一呈，兄见之否？

注　信稿端有作者批注：12/9/20发，挂号。

致张元炘[1]

张元炘致张元济及张元济在来信上的批复

　　菊生二兄大人惠鉴：久不趋候，想起居如常为慰。今有商者，弟历落有年，苦无积蓄，俭衣节食，幸得支持。惟子女日长，家累日重，一身无暇顾子女教养，厥责难逃，一无根基，颇以为虑。去年购得三友实业社股票三股每股百元，今年适又添招新股（因去年杭州拱宸桥顶一纱厂二十余万），拟再续购十股，惜力与心违。踌躇已久，爰向我兄商借千元，将新旧股票一并作抵股息归弟，另立借据，分三年归还。利率高低悉听尊裁，或票面上径由我兄出名，三年之后本息还清，移转归弟，过户之费由弟负担。能否俯允，及一切手续如何较为妥便，均祈酌示为祷。手上，并颂居祺。

弟元炘顿首　18/5/29

　　张元济批复：离馆后坐食三年，又遭意外损失[2]，所有储积尽变股票，利息所入勉应家用，有时尚觉不敷。张元济，18/5/30复。

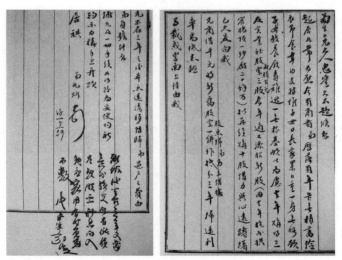

张元炘致张元济书信及张元济在来信上的批复。

1　本篇录自上海图书馆编、黄嬿婉、计宏伟整理：《上海图书馆藏张元济往来信札》第十三册，国家图书馆出版社2017年10月版，第296至297页。张元炘（1888—？），字镜孙，号季安。张宝玺四子，张元济再从兄弟。

2　应指1929年张元济被绑票，损失赎金一万元。

致张启元、张启明、张启文、张启瑞[1]

　　善甫、潘甫、章甫、祥甫诸弟同鉴：昨日傍晚，家昌侄[2]偕凤弟并一何姓者来寓。凤弟自称有未婚妻在沪学织花边，忽染红痧，于两日前病殁旅寓，无钱收殓。且言已托何友回里措资，一无所得，陈尸在床，业已两日，情形甚为急迫，向兄处借贷五十元。兄与凤弟从未见面，当询家侄，是否确有其事。据云无误。兄家中适祇存三十元，属其明日再来，而凤弟迫不及待，谓即此数亦可。兄即当面交付，并声明族人甚多，不能一一资助，甚因急用，系属暂垫，即须告知诸兄筹还。凤弟唯唯，同时又嘱家昌侄转达。兹特专函奉告，即祈鉴察，顺颂近佳，并盼示复。

十一年五月二十二日，即四月二十六日

　　注　信稿末有作者原注："该款已于十一年阳历八月由家昌缴还。"

---

1 张启元（1877—1931），号善甫。张德峻嗣子。张启明（1878—？），号潘甫。张德舆次子。张启文（1880—？），更名文培，号章甫。张德舆三子。张启瑞（1882—？），号祥甫。张德舆四子。均为张元济族弟。

2 即张元济族侄张家昌。

致张启文

一

修谱业已开办。闻开办至今，在永思公帐支用二十元。兄建议之始，即声明由个人担任，不欲动用公款。想必吾弟学校事忙，无暇问及，故前次寄呈五十元未曾拨付，应请将该款如数送交森伯、仲良叔祖收存，以便归还永思公帐借款，并陆续支用。吾弟事忙，不克兼顾。此次修谱之事，由两位叔祖主持，故款项之事一并函恳管理，免多周折，尚祈鉴察。

九年五月十日，即旧历三月二十二日

二

章甫三棣惠鉴：敬启者，去年由兄提议修谱，并声明所有费用独自担任，不欲动用公款。嗣托冯宅送去五十元，当即奉到本年正月十一日手教，知已收到。所有修谱之事已由族中尊长委派仲友兄办理。吾棣未曾将该款拨交，想因学校事忙，未能接洽。近晤仲友兄，知已在永思公祭借用四十元。兄既经声明在前，甚愿践言。应请吾棣即将前款转交仲友兄，以便归还永思公款，不胜感荷之至。再，建设宗祠事，兄另有公函致阖族尊长、昆弟，请就近向森伯、吉人叔祖处取阅，并望从旁赞助，无任祷盼。专此。敬颂台安。昆仲均候。

兄　九年六月六日

致张启瑞[1]

张启瑞致张元济及张元济在来信上的批复

二哥大人尊前，接奉二十三日手谕，朗诵之余旋至三姊处，询及十四日所发之函，据云尚未收到。至於秦次长与吾哥既有渊源，又蒙鼎力推毂作函介绍，谅能玉成。弟拟即日筹备川费，先至吾哥处面领雅教，再行赴京晋谒，是否有当？祈赐示为感，肃此奉覆，并请钧安。

弟启瑞谨上 （1933年）十二月廿五日

张元济批复：昨归自杭得廿五日信，知弟拟作南京之行，往见秦君试觅机会。但秦君自离校后踪迹殊疏，此种学校师生感情本属恒泛，前函先已陈明荐信甚难，收效恐不免徒耗川资，然此外一时竟无可以推荐之处，故藉此以作尝试。今奉来书谓能玉成，兄殊难以自信。还乞再思。如弟不以为嫌，候驾莅沪，当即作函备用。再，近届阳新年，即须往者最好在假期之后。22/12/30复。

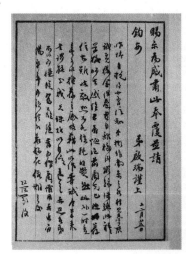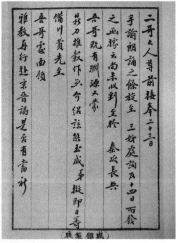

张启瑞致张元济书信及张元济在来信上的批复。

---

1 本篇录自上海图书馆编，黄嬿婉、计宏伟整理：《上海图书馆藏张元济往来信札》第十三册，国家图书馆出版社2017年10月版，第255至256页。

致张启煦、张启祥[1]

育甫、桢甫吾弟如见：久未通讯，伏维上侍纳福为颂。桢弟欲谋银行事业，久久未遂，兄甚以为歉。近有友人盛君同孙[2]任中易信托公司，该公司先设银行及信托两部，刻定阳历九月开张，诸事需人。兄以桢弟为荐，已承其允诺，无庸考验。但初到祗能作为试办，月薪由二十元至三十元之谱，仍须觅有切实店铺担保。是否愿就，尚望详慎酌度。如果来沪就职，最好早来。应请何家店铺担保，亦请预为接洽。商务印书馆定章不为人作保，故不能不请弟等自筹也。现在桢弟充小学校长，岁入比较，是否值得舍彼就此？上海用度一切较内地为费。若所增无多，恐亦不值。现在试办期内，校长一席是否暂行觅人庖代？预备留一退步。均须审慎。想弟等亦必能善自为谋也。

十年八月七日

---

1 张启煦（1887—？），号育甫，又号梦白。张德铭长子，张元济族弟。张启祥（1895—？），原名启照，号桢甫。张德铭三子，张元济族弟。

2 据《商务印书馆同人录》，1923年盛同孙兼商务印书馆保管股员工。

致张志远[1]

　　昨上寸函，知荷詧及。去伻携回四尺宣纸一幅，署款"心培"，当是禖庭命书者，容即写上。另有绘美女扇面张，款署吴石。去伻称系与纸幅同时交付者，并无信件，亦无标题，想同为属书之件。但扇面写法有跨行、单行两种，各应取润资则跨行六千，单行八千。务祈明示，以便着笔。至墨费二成，则由吾弟交到，自当免收。合并陈明。

三十四年五月二十九日

---

1 张志远，浙江海盐人，张元济族弟。

致张觉先[1]

　　觉先吾弟如见：昨日来信已收到。吾弟景况如此难，因代为怜悯。请即来我处一谈，察看吾弟才干，合于做何等生意，再为设法。即问近佳。

兄元济拜上　（1957年）三月二十六日

　　注　原信不署书写年份。现据信封邮戳确定。

1　张觉先，浙江海盐人，张元济族弟。

致张树源[1]

一

字谕树源知悉：汝今将离我远行，我年亦渐老矣。所有涉世持身之要，以及现在求学后来成家之道，不能不为汝一言。胪举如下，汝其善为体会。

为人务须振作精神，不可稍形颓丧。人生处世必有不如意之时，愈不得意，愈能振作，便不难人定胜天。晏起亦不振作之一端，望汝终身戒之。

汝性情迟缓，最易误事，亟宜猛省。

汝作事往往无恒，最所不宜。即如去年代理北京高等女子师范教席，不过数日，即行辞去。此事甚对蒋老伯不住。又夏姨丈托绘屋图，汝已允许，后来始终未曾办妥。以后处世不可如此，切宜戒之。

汝平日不好整理，亦是一病。此种恶习若不痛自改除，日后担任大事，必受无量之痛苦。事物位置如井井有条，丝毫不乱，取用之时自必便利。凡有关涉之件，若不能分别门类妥为区处，使其极便检查，则临事之时必致手忙脚乱。又文字如有关系者，必须留存，妥为安放。其无用之件，不妨直行弃去，以免与有用者相混，此为办事紧要关键。能从吾言，必有裨益。

日记最有用处。汝可从即日起，将本日所作所为，所见所闻，所谋所虑之事，一一记录。行之有恒，受用不可胜言。

百病多从口入，饮食最宜谨慎。汝在京屡患腹疾，即是不知慎食所致。到美国后切宜留意，食果物亦不可贪多过量。

招人饮宴，在外时非万不得已，殊可不必。耗财伤主，两无益也。回国之后，此等酬应之事亦宜节减。汝在京年余，已成习惯，后宜戒之。

在学校时宜专心求学，交际之事只可以余暇为之。汝前有信致我，谓当注重联络，此断非宜。人当有实在本事，不能专恃友朋之汲引。且交友甚难，稍一不慎，反受其累。孔子云："无友不如己者。"汝宜切记此言。

择友之道在乎观察灵敏。若过于逆亿，实非处世之正道。曰诚曰直，宜时时勿忘此二字。

孔子曰："己所不欲勿施于人。"又曰："小不忍则乱大谋。"曰忍曰恕，此

---

1 张树源（1895—1949），字伯远。张元煦子，张元济侄子。1922年留学美国，获康乃尔大学工学硕士。陇海铁路工程师。

二字实互相为用。凡遇有得意失意之时，尤宜格外提防。

近来游学之辈，每有与外国女子结婚者，此实大误。彼此习惯不同，彼女尤多侈靡，终身受累，为患无穷。甚不愿汝为之也。即寻常交际，亦宜疏远。稍一不慎，便堕入情网，不能自拔。就令不至于此，而嬉游之费因此增加，精神、财力均受耗损，甚无谓也。不独对外国女子，即凡中国女学生，亦然。

至于娼妓，尤宜远避。花柳病最易传染。非独本身，子孙兼受其累。汝曾为我言，绝不涉足此中，我所最喜。到美后切勿自食其言。

学问之事务求精确透彻，心有所得。否则于施用之时终觉隔膜。切勿自欺。

建筑学于绘图一事最有关系，务宜加意研究。

水泥工程必须联带钢铁。克利只谙水泥，凡有钢铁之事，必须仰人鼻息。汝宜引为前车之鉴。

铁路桥梁工程，我甚望汝能兼学。后来归国可以多一谋生之路。

学位文凭固在必得，然仅有虚名而无实际，亦无用处。此事关汝终身大计，当能自度。

汝汉文太差，将来回国办事，必有大不便处。汝在学校稍有余闲，即当用力钻研。此三四年是汝完全用功之光阴。若一错过，后悔无及。

写字不求甚佳，亦须端正整齐。此与章身之衣服相同。若蓝缕不堪，必至令人生厌。汝在校时每日必须写数百字。

写字、作文常常寄回与我看。西文功课每月底报告一次，以慰我心。

留美之期约以四年为度。彼时归来，吾年已六十矣。吾不愿汝久留，然亦不可缩短年限。为山九仞，功亏一篑，为学者所最戒也。

康乃尔学费，据克利云，四年前渠在校时每年约用至九百圆。我现在每年给汝美金壹千圆，务宜格外节省，否则难免不足。吾精力已衰，恐不能常此劳苦，汝宜知悉。

孙豹君世伯之子祖瑞世兄，由清华派往美国留学，岁费只美金九百六十圆。每年尚节存若干寄呈乃父。汝能搏节动用，此数当不致短缺。至欲在美兼做他事，为练习所学则可，若专为补助学费，则断乎不可。节俭为人生美德，生当少壮，凡事尤宜刻苦。少用钱不过使身体上稍减其愉快而已，若以宝贵之光阴殉之，岂不可惜。

汝在家时值我光景宽裕，起居食用不免过于舒服，比汝父及我幼时大不相同。此去三四年中，我望汝能吃一番苦，日后必有受用之处。

用钱必须一一登记，于终身关系非浅，务须养成习惯。现在留学期内所有出入，亦每月寄我一账。

汝在京时喜借钱与人，此固朋友通财之谊，然舍己耘人亦属非智。我每年畀汝学费无多，只能专顾自己，万不可再借与人，然亦不可向人借贷。

外国多可歆可艳之物，不必购买寄回。即归国之时，亦可不必。我只望汝携回真实学问。

师友亲戚每岁宜通问三四次。此人生交际之要，切勿疏忽，但不必寄赠物品。

汝年已长，续娶之事汝可自决。但我之意见，在外国之女学生，恐亦不宜。性喜务外，不耐家政，且起居服食习于外俗，亦非汝之力量所能担负。切勿殉一时之情感，贻终身之大累。

汝在我处已十七年，彼此相依，诚为甚乐。然人贵自立。父子、兄弟能分居，总以分居为是。且我处房屋太窄，以后断不敷用。汝学成归国，即宜赶紧续娶，自立门户，祥保亦同时领回教养。我年渐衰，数年之后，汝回国时不知能否相见，故不能不预为言明。

海盐虎尾浜房屋，系祖父遗产，三房共分。四叔无后，承继未定。此产日后当为汝与英弟所共有，一切应公同处置。

古人云："遗子黄金满籝，不如一经。"我令汝游学，即遗汝一经之意。然白手起家，亦太不易。汝回国时，学问果能成就，恪听吾言，不沾染各种恶习，我与汝婶当畀汝洋银壹万元，所有续娶立业之事，均由此数内支办。我勤劳半生，稍有积蓄，无非以血汗易来，汝其慎用。

汝在美国，每月至少须寄我一信。

我介绍美国朋友，此次路上如有招呼，到学校后宜一一专函致谢，并将彼等招待情形，详细告我。我亦当作书答谢。以后每年宜通信两三次。耶稣诞日及新年，必须寄贺柬。日后旅行如经过其所居之处，宜亲往拜候，但切不可有请求或借贷之事。

如有疾病即速入医院。克利告我，学校附属之医院甚佳也。

与渠庵表弟同居，务宜相助相谅，彼此皮气或有不同，汝年长，总宜退让。

无论何人，相处总宜谦和，切不可自以为是，使人难堪。

我所欲与汝言者，一时亦不能尽言，汝其善体吾意可也。

　　　　　　　　　　　　　　　　菊生述　民国十一年八月十五日

二

源侄如见：连接汝九月廿六，十月三日、五日、七日四次来信，均阅悉。上海并无甚恐慌，不过稍有谣言，谓日兵将占据闸北、南市，以致居民纷纷迁徙。汝七日来信谓有无线电兵工厂被占，复旦学生被害，此等全无理由之谣传，汝何至相信？现在谣言仍复甚多，我意必有奸人从中煽惑，加以民智卑浅，故造成此等恐怖也。前次附去杨元恺信，邀汝同住，何以不去？未知有何因由？他事勿论，惟饮食一项我最为汝担忧，汝须格外留意，勿增我忧。寓中均好。勤妹[1]伤风后终未复元，常常发热；英弟到纽约后尚无来信；冯姑母已于昨日回盐，预备今冬移居上海。水道会委员无一相识之人。寄来江水灾后补救方法，"气候关系"一段理论甚浅，无甚重要之见。至"禁止放垦"一段文字亦太繁复，其实不过数十句可以说完。如能将近数十年某处某处放垦若干，将成案一一详细说明，甚有价值。仅说空话，毫无用。原稿寄还。

叔字 （二十年）十月十二日

附寄各处来印刷品，另函。此函内附去王君信，又新华银行结单。

注　致张树源信绝大部分均不署书写年份。原件上现有他人用毛笔加注年份，但不署加注人姓名，亦不说明加注之依据。今即按此加注之年份排列，所加注之年份以（ ）表示，偶有张元济亲笔书写之年份，则不用（ ）。[2]

三

源侄如见：昨日复汝一信，午后又得汝十月九日来信。阅所撰文件我已寄还。因无甚精彩，登报殊觉乏味。我意汝能调查将前清末年民国以来，所放沿湖垦地及各处涨滩确实数目撰为一文，较有价值。但恐未必能做到。英弟有信来云，在美甚觉方便。兹寄去。今日又转去美国金恩公司及地理杂志社信各一件。家中均好。我校书事又大忙。天气渐凉，一切格外谨慎。

叔字 （二十年）十月十三日

汝来信编号应在信尾日期之下。

1　即张元济之女张树敏（1903—1982），小名勤。自幼在家延聘家庭教师。上海解放前夕赴香港，后旅居法国。

2　此注原附于《张元济全集》第二卷"致张树源"第三封信（1931年9月25日）后，因此信删去，故将此注顺移至本信后。

四

源侄如见：得前月廿七日来信，附致谭瓶斋[1]一函，即挂号交邮局寄去。顷得汝内弟[2]来信，兹寄去，望收入。我拟与丁榕、伍昭扆诸君游天目山，约在本礼拜六日启程，至多不过一礼拜即回[3]。寓中均好，可勿念。闻政府财政大窘，薪水停发，汝职务有影响否？甚念。天气渐寒，一切注意。

叔字 （二十年）十一月四日

顷又接到建设厅第一三三号批，并证明书。证明书寄去，批文存，不寄。

张元济与伍光建（中）、夏曾佑（右）合影。

---

1 即谭泽闿（1889—1948），字祖同，号瓶斋，湖南茶陵人。民国著名政治家谭延闿的弟弟。书法家。著有《止义斋集》。

2 即张树源原配夫人刘冠昭之弟刘雄夫。

3 1931年11月7日，张元济与丁榕、伍光建等游天目山，约四五日后归。丁榕（1880—1957），字斐章，浙江山阴人。曾任上海律师公会会长，商务印书馆董事。伍光建（1868—1943），原名光鉴，字昭扆（一说昭宸），号君朔、于晋，广东新会人。近代中国三大翻译家之一，与严复、林纾齐名中外。一生所译文学、历史、哲学等著作130余种，多由商务印书馆出版。

五

源侄如见：连得汝本月七日又无月日以后不可如此信，均悉。我出医院后病已愈，饮食亦复元，惟两足尚软，大便干结，有时尚有白冻。医生云不要紧。精神亦如常，汝可勿念。前有人为汝说媒，为王氏女郎，讵知交来履历，其父乃与我在北京通艺[1]同学即王书衡[2]之姨甥女。兹将照片一并寄去，立者即是，望酌夺。我意无父母亦一缺点。汝意如何？速复为要。报载蔡年伯被学生殴伤[3]，不知轻重若何？汝应速往问候，并见年伯母[4]（前晚到南京），问明详情复我。外信一件，贴邮票即寄。汝馆事有变动否？甚念。

叔字　（二十年）十二月十七早

蔡元培与周竣婚礼，1923年苏州留园，张树年摄。

1　即通艺学堂，是清末戊戌变法运动前夕由改良派创办的学习西学的学堂。学堂"专讲泰西诸种实学"，以培养维新人才。校址设在北京宣武门。戊戌政变失败，张元济被革职，通艺学堂被迫停办。后张元济把通艺学堂的全部校产造册移交给京师大学堂。

2　即王式通（1863—1931），原名仪通，字志盦，号书衡，又号研庐，祖籍浙江绍兴。

3　蔡年伯即蔡元培。1931年"九一八"事变后，12月15日，蔡元培随国民党中央党部安抚学生时遭学生殴打。张元济与蔡元培于光绪十五年（1889）一同得中举人，光绪十八年（1892）一同得中进士，他们因科举同年结下年谊，所以子侄辈就称呼其为年伯。

4　即蔡元培第三位妻子周竣女士（1890—1975），曾做过张树年、张树敏二人的家庭教师。

六

源侄如见：本月十八日、廿三日两信均收到。支票三百元照收。南京分馆汇款三百元未来，望往催。支君信亦收到，我当照办。蔡年伯夫妇已回沪多日，我已往候，但仅见年伯母，据云伤不甚重。汝之姻事，周、沈两姓婶母云恐无望。兹寄与伍梯云君名朝枢一信，汝阅过封好。面谒称之曰先生，自称名，不必称侄，缘我与伊父为友也[1]。见面时公债事不可谈，如不见，信可留交。送友人喜联男女两姓均不告我，无从着笔。"水功"、"柳絮"太不对，改"禹谢"，勉强拉拢而已。我病已好，余均安，可勿念。汝母又来信要钱用，仍拟为汝寄二三十元。

叔字 （二十年）十二月二十五日

七

源侄如见：连接十二月廿九日、卅一日两信，已阅悉。南京分馆三百元已于前日收到，新中工程公司股款即托商务馆送去，据电话复称，已经送到，取有收条，总务处已于昨日放假，尚未送来。此收条拟不寄去，即存我处。叶玉虎[2]已去南京，来信可不返，兹寄去一信，汝可封好持谒，恐一次亦未必获见也。谭信已送。蔡年伯伤势尽露，并非增重，入院治疗专为避客起见。家中均好，可勿念。英弟来信年终考试获列全班第二，将于年假赴华盛顿。贺联首句"胸山"是实，"绣帏"是空，不能作对，拟改如下：

春满涂山禹娶涂山氏之女共庆禹功获佳耦来信写作"藕"，大误望隆柱国用后杨震典故喜闻谢絮续新词

叔字 二十一年元日

美国来信转去几封？我记不得。

---

1 伍梯云即伍朝枢（1887—1934），字梯云，广东新会人。伍廷芳之子。伍廷芳（1842—1922），字文爵，又名伍才，广东新会人。清末民初政治家、法学家。1913—1915年任商务印书馆董事会主席。1917年曾与张元济等教育界、实业界和政府朋友发起成立中华职业教育社。张树源与刘冠昭的婚礼，张元济即请了伍廷芳做证婚人。
2 即叶恭绰（1881—1968），字裕甫（玉甫、玉虎、玉父），又字誉虎，号遐庵，晚年别署矩园，室名宣室，生于广东番禺，祖籍浙江余姚。书画家、收藏家、政治活动家。著有《会清词钞》《遐庵书画集》《遐庵谈艺录》等。

八

源侄如见：得十四日来信，已悉。附下支票四千元亦收到。冯氏姑母自渠庵逝后大约感触太深，神经受伤，以致有此厌世之念。移居上海，房子业经租定，微闻汝姑母甚不谓然，故经此变后，其两媳已来信退租。闻此事争论甚久，我亦不愿过问矣。勤妹姻事，卢君我已见过两次，现在尚未到题。其人品及外观无甚疵议。冒鹤亭[1]先生为我探听甚详，兹尚有托其探问之事，附去一信，汝阅后封好信勿倒插，亲至中山路忠实里为我面致，并切托代谢。晤时汝应称之为世伯。汝如无暇，即加封为我付邮。闻冒君不日来沪，不宜耽阁。公债抽签为6、37、78、88、98，汝所有者，竟无一签，我亦仅得二千二百元。《救国晚报》[2]收到四次，议论甚好，汝可为我定一个月，直寄家中，其已出各次能补全否？我想保存。《新华日记》已取到，要寄南京否？寓中均好，可勿念。

叔字　（二十一年）元月十七日

辁人母用画荻典故亦祇能用于丧夫抚孤者。谨记勿忘。又及。

九

源侄如见：得廿五日来信，并金恩公司经纪人信，均阅悉。洋文信寄还。同日我有一信挂号寄去，内附致黄君强信，介绍汝往谒见，另附副笺，想已收到。汝意属我迳寄一信，想此副笺汝必抽出，则空函介绍，自无痕迹，未知汝究竟如何办理？望即复我。想调部殊无谓，此交通而非铁道也。王经理已回宁，故所要之物未买。日军已开战，寓中并无危险，不必记念[3]。

叔字　（二十一年）元月廿九日

---

1 冒鹤亭（1873—1959），名广生，号疚斋，江苏如皋人。著名学者、诗人、词人和书法家。著有《小三吾亭诗文集》《疚斋词论》《冒鹤亭诗歌曲论著述》《四声钩陈》《蒙古源流年表》等。

2 1931年年底由龚德柏在南京创办，呼吁抗日。翌年停刊。

3 1932年"一·二八"事变后，第二天清晨，日军飞机多架由黄浦江中航空母舰起飞，向上海闸北空际盘旋。7时许开始实施轰炸，10时许连向宝山路商务印书馆总馆投弹，四座印刷厂、办公楼、仓库、水塔、职工疗病房、尚公小学等全部被炸毁，东方图书馆和编译所亦遭殃及。张宅位于沪西极司菲而路，因闸北战事激烈，交通受阻，所以张元济当日无法得知确切消息。2月1日，日本浪人在混乱中进入东方图书馆纵火，焚毁了这座拥有46万册藏书的著名图书馆。

1932年"一·二八"事变中，商务印书馆被日军军机炸毁。

十

源侄如见：前月廿九日寄汝一信，想已到。南京政府已宣布移洛阳[1]，其附设机关如扬子水道整理会谅未必随去。如不裁撤，即无薪可领。汝亦只得暂时留在彼，照旧办公，以尽职守。如已被裁，或先回沪，徐行设法。但沪地甚为恐慌，邻近移居者甚多。汝弟妇甚为惧怕。我已另租一屋，今明拟令祥保与宝桂先行偕往[2]。我与汝婶及勤妹仍留本宅，非至急不离。汝能来帮我照料亦好。惟沪宁车上甚有危险，车只能开到南翔，离沪甚远。此段极不易行，或乘外国商轮由水道行似较妥。我意仍劝汝暂留宁数日，再看局面为宜。

叔字　（二十一年）二月一日

十一

源侄如见：本月一日寄汝一信，想先到。顷得前月廿八日信，已阅悉。南京战事想可避免。汝职如未被裁，我以为汝当照常办事，以尽职守。至大乱之时长官同僚俱各逃散，则亦无法。彼时不知能否来沪？如不能来，不可冒险，不如与王诚璋商量，暂觅安全之地小住。如仍不能，则不如乘车北上，到北京暂避。统由汝自行酌夺。家中甚安，距战线甚远，可无危险。张澹如[3]借我一椽，在静安别墅五十四号。非甚危迫，不迁移也。一切格外小心。至属至属。

叔字　（二十一年）二月四日

十二

源侄如见：前月廿九日，本月一日、四日叠寄数信。昨、今接汝一月卅日信，本月一日、三日并封信，知以前各信均未收到。商务工厂及东方图书馆确已被毁，后事如何此时无从说起。家中并无危险，各人均好，可以勿念。汝事业经停止，已无

---

1 1932年"一·二八"事变爆发，日军大举进攻上海，同时有数艘军舰驶至下关江面，直接威胁到国民政府首都南京的安全。在此情势下，国民政府决定迁都洛阳，以避免被日本逼迫签订城下之盟。

2 另租一屋即为2月4日致张树源信中所言的静安别墅五十号。静安别墅建成时适"一·二八"事变，各地人士纷纷逃难到上海，争相租赁静安别墅的房屋。张元济和蔡元培家与战线较近，很不安全，所以张元济与张澹如商量，张澹如立即拨出一屋，且房租优待。3月中旬战事西移后退租。

3 即张静江三弟，浙江湖州人。

职守可言，我甚盼汝来沪住在一起。但火车不能开至上海，如在南翔坐小车来沪，中途危险。轮船进吴淞口，正在开战，不易通过。我意此时汝可在南京小住，一俟宁沪交通恢复，无论水陆，即行返沪可也。前属汝避至北平，系因南京恐有战事。现已停战，此可作罢矣。

叔字　（二十一年）二月八日上午

十三

源侄如见：本月四日、八日叠寄去两信，不知何日方能递到。四日前得汝电，以已有信，故未复。顷又得九日航空来信共五日始到均已悉。上海虽有战事，然我处离战线远，并无危险。家中人亦平安，汝可勿念。英弟处我不欲发电，因电费甚昂。我现在不能不节省。陆续均有信去，想洋报不至多作谣言，伊当不至惊恐也。来信谓仍保留在会工作。是否会所并未停撤？汝亦未被裁汰？在会人员尚存几人？薪水尚能发否？共减去若干？复信望详明告我。裁兵公债[1]息已领到。去年七月底（半年息）我忘记拨付汝帐。汝原有票面九千元，三月间售去一千元，由我收回。今年应得八厘息六百四十元业已拨存兴业，收入汝帐。余不赘述。

叔字　二十一年二月十三日

十四

源侄如见：十三日寄汝一函，同日又转去美国来信数件，谅均递到。本日得汝十三日来信，知汝事并未被裁，但月得五十元。世乱如此，得此已称幸事。现在且姑尽以供职，勿以禄薄而遂怠惰。汪精卫处我自可为汝进言，但我料时局稍定，政府必大变动。且静待变化，不必急急。我每日到商务善后办事处料理一切[2]，身子甚好，家中亦安，不必记挂。来信"旋"字误作"施"字，以后切宜注意。

叔字　（二十一年）二月十七夕

---

1 裁兵公债是国民政府财政部发行的公债，主要用途是实施裁兵，以及抵补编遣过程当中不敷的预算数目，基金由关税增加收入予以支付。

2 商务印书馆于"一·二八"事变遭受重创后，2月4日董事会召开紧急会议，决议将上海总馆全部停业，并设立董事会特别委员会，推张元济等九人为委员，并推其中四人为常务委员。2月8日董事会特别委员会正式成立，当日议决于四川路青年会设立善后办事处，委托王云五等四位常务委员主持工作，主任由王云五担任，并暂留若干同人办事。善后办事处处理及清理的事项包括人事、账款、出纳、存款、存货、进货、分馆、稿版、契约、文书、股务、保管、保险、印件、总厂清理、发行所清理、图书馆清理、宣传、交际、搬运、结彩、计划等22项。

十五

源侄如见：十七日寄去一信，昨得十八日前后六日方到来信，已悉。战事我以为一时不能即了，但迁延下去，我国必有意外之变。变象如何则不可知。世界战争我以为断不会。欧美人不似中国人之胡涂也。嘉兴会馆被炸，该地在战线之内，无从往看。侄媳身后之劫恐不能免[1]。英弟一月卅一日来信，甚为焦急。我今日拟发一电以慰之。前收美金公债本息共有六百余美圆，已全数寄去，可以维持至六月。汝可放心。家中均安，余不赘。

叔字　（二十一年）二月廿五晨

十六

源侄如见：本月廿五日寄汝一信。昨接汝同日来信。上海战事现甚凶恶，我军能否坚持尚未可知。日本飞机赴浙，经由平、盐，报称确有其事，但未有何骚扰。今日得汝内弟来信，知侄媳灵柩已由伊携出。原信由祥孙寄呈。我意灵柩只可即托汝内弟在万国公墓汝所买之地上安葬。汝现时未必能来，可即托汝内弟代为办妥。神主沪寓无可安置，我意以焚化为宜，日后再行补立。英弟一月卅一日来信，已知商务厂全毁，甚为忧虑。我已电告合家平安矣。寓沪族人均平安出险回里，损失均不小。寓中无恙，可勿念。

叔字　（二十一年）二月二十九日

十七

源侄如见：前接二月廿九日信，内附致汝内弟信，已交祥保寄去，不知能收到否？顷又得本月五日信，亦已阅悉。侄妇神主我意焚化为是。宗祠木主有一定格式尺寸，不能将自立之主送入。至于私祠，日后尽可补立也。懿孙[2]之枢无法运出，我亦管不了此等事矣。家中均安，可勿念。汝身体近来如何？务望留意。

叔字　（二十一年）三月六日

---

1 张树源原配夫人刘冠昭于1919年去世，成殓后暂厝上海闸北嘉兴会馆，准备运往海盐下葬，期间因张树源出国留学一直未办。"一·二八"事变后，嘉兴会馆在战区，幸亏刘冠昭之弟刘用臧（雄夫）冒险抢运出来，后葬于上海虹桥公墓。

2 即张树年与葛昌琳夫妇的长女，不到一岁时夭折。

十八

源侄如见：本月六日寄去一信，十三日始得汝八日发来之信，已阅悉。商务印书馆总厂连日派人前往勘验，可谓百不存一[1]，整理尚未能着手。英弟来信甚为忧闷，谓无心读书，虑今夏不能毕业，届时即行归国。前一礼拜又去一电，属其赶完毕业文，必须谋得学位，否则宁可延长。家中安好，我身体亦健，校史事停止[2]。晚睡较长且能酣睡。粤汉铁路计划事剪报寄阅，不知果有其事否？望就近探查告我，再为设法。

叔字 （二十一年）三月十七日

新中公司报告附去。

十九

源侄如见：四月二日航空信于前三日收到。精卫先生未获见面，不知有下文否？国难会议[3]毕后，渠或当再来南京，汝可再往请见。裁兵公债改定办法，每年抽签四次，每次一签，比原定办法少去十分之六，利息闻亦减为六厘。昨日所抽之签为三十二号，汝却有千元票系三十三号，仅差一号。我只百元票一张中签，亦无聊之极矣。英弟来信称毕业论文需用东三省自造铁路所费资本并管理规则、营业情形，在美国图书馆材料极为缺乏。我已函托奉天、北平两分馆代为访求。汝于铁道部中如有熟人，能否将其借出？（我想部中必有此等案卷或报告。）将关于以上三项之记载，汝能摘出，注明见于何书，直寄汝弟。如为私人所有，最好乞

---

1 据《上海商务印书馆被毁记》载，1932年3月上中旬，经手装置商务印书馆机器的西商以及张元济和善后办事处同人连日勘视总厂，印刷所及其中设备，栈房及其中书籍、纸张、仪器文具，藏版部大厦及所藏之铜锌铅版等均焚毁无余，总厂以外之东方图书馆、编译所及其附设杂志社、函授学社、尚公小学以及厂外书栈房仅余断壁颓垣与纸灰瓦砾；残留者仅机器修理部、藏版部及疗病房等数处。

2 据王绍曾《商务印书馆校史处的回忆》，校史处当时设在极司菲尔路中振坊，负责人为汪颂阁和蒋仲茀，主要从事《百衲本二十四史》的校勘和描润两项工作。"一·二八"事变发生后，《百衲本二十四史》中正在摄照的《周书》底本和所有照片底版全部被焚。黄善夫本《史记》照片因事前移出，尚未受损。因遭到这场浩劫，校史处亦遭散员工，每人发三个月遣散费。1932年秋方又恢复工作。直到完成了《衲史》的影印工作，校史处于1937年11月撤销。

3 1932年，国民政府在洛阳举行了"御辱自强"的国难会议。国难会议是南京政府自成立以来，第一次由政府出面召集民间人士共商国是的会议。因会议开在民族危亡关头，政府团结各界名流，基本确立了"一·二八"事变到西安事变期间的"治国方略"，对之后的长期抗战意义深远。

借，将原件寄美，属汝弟阅过寄还。我想一个月内尚来得及，汝当知此情形也。寓中均好。冯姑母因海盐驻兵甚多，已全眷来沪。

叔字　（二十一年）四月七日

二十

源侄如见：连接汝三信，一、五月十九日，今日到；一、五月廿一日，昨日到；一、到已旬日，最后一页遍寻不着，故不记何日。千里[1]带回衣服已收到，卢君交来衣服亦收。大中公司我先去信索阅其历年报告，未交来。是日我觉身体不适，未到会。支君昨日来信寄去。

侄妇葬费三百元并公墓地价收条，我于本月廿二日备齐，到新闸路清凉寺面交刘亲家，请其将办理情形径行告汝。懿孙不祔葬，我觉甚可惜，亦已告知刘亲家矣。

汪精卫先生虽允代为设法，然恐未必有效。据我看来，政界之事以下必愈降愈下。我昨见报英国有八家公司拟来中国发展工程，如果有其事，我意汝不如脱离政界，到彼中谋一席位，自食其力，或可永久。兹将报纸剪寄，汝自酌之。我近来常患胸腹气痛，有时颇觉不适，然饮食夜睡均好，尚无碍也。余不多述。汝患头痛，宜于外小心。

叔字　（二十一年）五月廿九日

裁兵公债利息汝应得一百二十元，已于本月五日划付浙江兴业收汝帐矣。

二十一

源侄如见：叠接廿五、廿八两次来信，知汝定于今日赴汉。我心又随汝而至汉口矣。离家愈远，必愈感孤凄。天气渐热，饮食宜格外注意。如到外路，水患、匪患须小心防维，切属。我近日较健，惟昨晚觉不消化，今日访医，总劝宽心。牙医处尚未有暇往诊，然必去，可勿念。裁兵公债昨日交割，我付去一千五佰七十七元五角七分，今日债票已交来，均百元，尾数二字，单照抄，寄去一分。杨君云，闻七月五日抽签，中否再告。汉局一切情形即来信告我，以免悬念。

叔字　（二十一年）六月廿九日

1　即许宝骥，字千里，张元济夫人许子宜的侄子。

二十二

源侄如见：前月廿八日寄汝一信，托汉口商务馆转交，计已递到。昨得该馆来信，知汝已到汉口，住福昌旅社，未知身体如何？路局知已去过，现任何事？是否常在汉口，抑须出外？望告我。如须出外，并多来信，以免我挂念。裁兵昨日抽签，为〇八号，新买各票一签不中，汝旧有各票中百元票一张，我又中千元票五张，得此可以稍还银行欠款。我近日见好，昨已用葛克司光照牙齿，今日可有报告。英弟尚未有回国确信，余续布。

叔字 （二十一年）七月六日

二十三

源侄如见：前得安庆来片，又选接二日、六日两信，均悉。我于六日寄汝一信，交汉口分馆转交，想已先到。路局局面如此情形，只可暂为忍耐数月。如实难支持，再为设法。致曾次长信不宜过于繁碎，已改好寄还。写去亦无不可，惟恐无甚效力耳。屠君慰曾[1]系我在南洋公学时弟三、四班之学生，其号我已忘记，汝可问明告我，我可去信托他照料。小弟来信至六月十日止，尚无回国确信。园亭已完工，一切均美式。新票抽签未中，汝旧票中一百元。我意想售去若干，未知汝意如何？望酌定复我。我牙齿已照过，一无毛病，胸腹气痛稍好，今日客太多，几二十人，太劳。不多述，汝一切格外注意，饮食尤须小心。

叔字 （二十一年）七月八日

二十四

源侄如见：七月八日寄去一信，并改正信稿一件，由航空递去，想已先到。英弟来信，大考尚能及格，惟毕业文尚须修改，约须多耽阁一个多月方能回国。现在尚无电报来。我定今晚乘公和轮船带同媳妇、龙孙到九江上庐山小住。已租定一屋，在牯岭西谷大林寺，惟号数未详。有信可寄和昌营造厂胡仁元先生转交。家中均好，不多述。天气大热，想汉口更甚。我极念汝，不知过得惯否？饮食格外注意。去冬记得有雨衣一件为汝穿去，是否？现在遍查不着，望告我，但不必寄还。

叔字 （二十一年）七月十五日

外信一件，即送或转邮。

---

1 屠慰曾（1884—？），字鼎孚，江苏吴县人。1932年时任粤汉铁路湘鄂段管理局局长。

二十五

源侄如见：在上海临行曾寄一信，想先到。我挈媳妇、孙女来山已到三日，现已租定房屋在中路之横路九十九号，即仙岩旅馆对面。九十四号外国饭店，山中人无不知者。房屋甚好，租费不廉。房屋颇宽畅。闻九江甚热，汉口当更甚，吾侄能来此小住数日否？如来必须带夹衣，雨具亦不可缺。前在我处取去望远镜，如来望一并带来，此间或须用也。余不多述，即问近佳。

叔字 （二十一年）七月二十二日

二十六

源侄如见：得汝八月十日来信，已悉。我到山后曾发寒热，两日便退，以后精神甚好，眠食均佳，惟不能多走路，远非三年前之比。汝婶在上海因天热胃口不佳，后服药调理，来信云已复元矣。我在此月余，汝不能来山一晤，甚为失望。商务印书馆开临时股东会，催我回去[1]，现定明日我一人先行下山。汝弟妇仍留居山上，拟留居山上过冬，近来甚有进步。幸有伍昭扆先生及葛亲家之孙年二十岁在此住我处，可以照料，稍放心。汝弟七月廿二日来信尚无起程期。如不能即归，我恐不能不再上山，缘伍、葛二君九月初必须离山也。裁兵公债新买五千，我临走时属千里往晤杨元凯，托其全权办理，尚无信来。原有之数，我见政局不定，热河又告急，托陈叔通[2]先生到四十五元即卖去票面两万元。前日来信云已售去，一万五千价四十五元，五千加五分。卖后价又跌，价单附去。汝原有之票在此价格愿售去否？如愿售去，愿去若干？望即复信寄上海，以便分帐。该价款如何区处，亦告我。天气大凉，汉口如何？一切格外小心，饮食尤须谨慎，至属。

叔字 （二十一年）八月二十三日

---

1 即1932年9月4日在上海市商会议事厅召开的商务印书馆临时股东会，股东童世亨等联署提出《修正商务印书馆减少资本办法案》，经表决通过。张元济提议修改公司章程案，亦获多数通过。但因为到会股户未能足额，关于减少资本及修正公司章程的决议须再行定期召集第二次股东临时会决议之。

2 陈叔通（1876—1966），名敬第，浙江杭州人。1915年任上海商务印书馆董事，提议设立商务印书馆总务处，并主持该处工作多年。中华人民共和国成立后，任中央人民政府委员，第一、二、三届全国人大常委会副委员长，第一、二、三、四届全国政协副主席和第一、二、三届全国工商联主任委员等职。

二十七

源侄如见：我于廿四日下山[1]，廿六晚到沪，途中遇风，在江阴以下搁浅半日，到埠较迟。接汝廿六日来信，已阅悉。此次售去裁兵公债票面两万元，系现货，已在兴业抵押，汝之八千元票一并交与兴业，作为我之透支抵押。寄存票中取付是何号数，叔通先生并未开来，但说明所留均系末尾二字相同之大票。汝信云如系期货，拟认售五千；如系现货，拟售去新买之票二千五百元。我不甚明白。叔通先生所以为售现货者，因八月底期货价钱未必高（十月初又须抽签，故九月底期货不宜卖。）反需付现款保证金，故已将存在该行之票提出付去。我现在将售价中九千〇〇二元五角划出二千二百五十元六角二分五拨归汝帐，作为汝售去旧存裁兵五千票面之价。尚存我处三千票面，是何号数，容向银行查明再告知。至新买之五千元因无中签之票，杨元恺亦并未代取息金，今日已属千里往访，询其何以忘记。此五千元我意暂时缓卖，且看市价再说，但总以售去为宜缘系［俱］系百元票，甚为琐碎也。商务股票当代收，然恐无多。汝托王君诚璋寄来二百元一角八分当收汝帐。我俟开过股东会即上山，总须汝弟回国到山后我方能下山，否则汝弟妇在山无人照料也。家中均好，可勿念。

叔字 （二十一年）八月廿九日

二十八

源侄如见：本月廿九寄去一信，想收到。兹有数事告知如左：

一、南京商务印书馆汇来只有二百元，已收入浙江兴业银行汝名下往来帐上。汝八月十六日来信，尚有一角八分未收到，应否去信追问，汝自斟酌。

二、售去裁兵公债五千元，应除去经纪人手续费，故只派得二千二百四十七元八角二分。前信云云，系未知此手续费除去，兹特更正。

三、汝名下尚存裁兵旧票三千元系何号码，因银行月终甚忙，尚未查来。顷已查到，仍系末尾一六号。

九月二日来信已收到，送勤儿生日礼二十元当代拨。我定本月九日赴吉和船返庐山，寓中均好，可勿念。

叔字 （二十一年）九月六日

---

1 据《张元济全集》第一卷1933年5月13日致孙篆斋书，此次在庐山期间，张元济曾拜会蒋介石，言及海盐城内筑路之事。

商务印书馆股分已托公司代汝收买。

再前与汝合买裁兵公债五千元，记得汝前后共付杨君一千元，于交利之日我付杨君一千五百七十七元七五角七分，每千合洋五百十五元五角一分四厘。汝来信请我多购若干，即以三千元归我，汝留二千，下月又要抽签，此时不宜出售，票码亦不分派，如有中签，将来即以四六分摊。此次收得利息七十五元，汝摊得三十元，汝应找出票价三十一元〇二分四厘，即以冲抵可也。汝意如何，即复我。

叔字　（二十一年）九月六日

二十九

源侄如见：顷得廿五日所发信，信面系铅笔所写，料吾侄必系有病，开示果然。赶紧进医院。必定选上等医院，千万不可省钱。我已函托汉口分馆，随时接济。未知起病已有多日？来信只云"数日"。恐系伤寒，请托医生赶紧验血。如系伤寒，千万不可吃东西，只可饮些流质。病退后食欲必旺，尤宜小心。必须遵照医生吩咐。若以为胃口甚好，随意进食，必要反覆，是为至要。尚有盲肠炎，亦宜注意，必须及早剖割，切勿耽误。至属至属。如断为疟疾，则病势较轻，只要谨慎治疗可也。如病觉不轻，应用特别看护，千万不可省钱。陈经理[1]记不起何号，汝病就痊，再来信告我，我再去信致谢。千万千万千万谨慎，免我悬念。

叔字　（二十一年）九月二十六日

三十

源侄如见：廿六日寄复一信，想由局转到。昨得汉口分馆陈、董[2]二君信，知汝已入医院，所病并非伤寒、盲肠炎。是否已经上等医生取血验过？大便是否通畅？若寻常诊察恐不能断准。千万不可疏忽。我意必须专请一外国医生，但不知汝所住医院能邀请非该院所属之外国医生否？如该医院系属公立，则似无此规矩。若系私立而主持者又非甚有名之中国医生，我觉得甚不放心。已请陈、董二君代为斟酌。至于院中看护，如不甚周到，可专雇特别看护否？此层亦有关系。饮食宁可不食实物，专饮流汁，务与医生妥商，是为至属。汝病未痊，不必亲自复我，可请

---

1 即陈铭勋，时任商务印书馆汉口分馆经理。

2 即商务印书馆汉口分馆董立基。

刘〔陈〕、董二君代为函达。汝弟定下月八号乘亚洲后船回国，约廿三日可到上海。前信似已告汝，记不确，故再言之。

叔字 （二十一年）九月卅日

三十一

源侄如见：昨得汝十月三日来信，知病势渐退，每餐可啜米汤、鸡子、牛乳，为之稍慰，惟不知热度已否退下还原，来信并未提及。既据医生说身体抵抗力薄弱，属于本原，现在只有在院调养，千万不可省钱，急急出院，俟医生认为可以出院之日，我意可告假二三月来庐山调摄，与汝弟同居。此间天气虽稍冷，然据久居之人说，不过与北京相仿，晴时日出，并不甚寒，气候极好，于养病最宜。汝索性在此过年，俟身体全愈，再下山销假。我拟月底回沪，与汝弟在上海相见。因有老友陈伯岩在山，本月二十日八十大庆，须留此拜寿，至早亦须廿四、五下山，现尚未定[1]。约计两礼拜后汝当可痊愈，可即来山，我在此与汝相聚数日。如尚未大好，我派秀如来汉口接汝，帮同检点行李。衣服、铺盖均须带齐也。汝病后亟须调养，不可做事，唯有来山静养之一策，务望听我之言。汝弟妇在此甚好，体重已增十余磅矣。龙孙亦好。

叔字 （二十一年）十月五日晨

附录：壬申秋祝陈伯岩寿（1932年10月）

散原先生卜居匡庐，弥见矍铄。今岁欣逢八旬正寿，谨集查初白《庐山纪游诗》，成四绝句，藉申颂祝。

人间难得好林泉，风清气爽秋景妍。
扶老安心就闲散，依然冰雪照苍颜。
先生旅沪时有小疾，山居后遂臻康复。

行尽悬崖接翠微，林深谷暗人更稀。
相逢不谈户外事，惟有松柏参天枝。
先生结庐在松树路侧。

此间临池颇自可，一灯照壁犹吟哦。

---

1 即陈三立（1853—1937），字伯严，号散原，江西义宁（今修水）人。1932年10月20日，张元济赴庐山松树路松门别墅贺陈三立八十寿辰，赠《壬申秋祝陈伯岩寿》七绝四首。24日下山，26日抵沪。

想象先生旧游所，剁乃手泽存岩阿。

重修白香山花径，新辟黄家坡，先生均有诗文，勒石纪胜。

六朝风景独留松，突兀西南五老峰。

有此林峦应著我，他年终伴采芝翁。

余来庐山，先后三次，亟思追随，终老于此。

1932年10月20日后，陈三立致张元济书信。

三十二

源侄如见：我于本月二十日寄去一信，通知廿二日乘宝和轮返沪，后得九江中国旅行社电话，全船被人包去，改于廿四日乘瑞和起程。是日清晨下山，到九江时甚早，候一点余钟始到，午后一钟半开行，廿六午前十一钟半抵沪，汝弟已在码头上接我。连日甚忙，先后得汝本月廿二、廿三两信，知汝身热已退，尚未复元。我意千万不必急急出院，病后服药饮食均须听医生调度。我意汝必须休养二三月，否则勉强做事，于身体必大受伤。如万一不能允许，宁可辞职，断不能以性命博饭碗也！刘委员长我不相识，屠局长为南洋公学学生，我可写信。如要我写信，即来信告知，当即照办。汝弟约再过一二礼拜后上山。彼时汝如可出院，当令其到汉约汝同行。汝弟近体甚健，由九江至汉口行程不过一夜及半日，下水更快，并无所谓劳顿也。伊到山上约有数月耽阁，缘汝弟妇在山身体甚有进步。房子已租到四月。我意属其多住几时。前月底裁兵公债抽签中签为四十一号，我得中千元票两张。我拟将此项公债再售去若干。前与汝合买之五千元均系百元票，均拟售去，留千元票作柢。汝共有千元票三张，百元票二十张。汝有无售去（或留若干）之意？望告我。商务印书馆股已为汝购到十股，价五百五十元，尚未续购。寓中均好，可勿念。闻富敏安子将完婚，冯姑母云汝托伊代送喜分若干元，已忘记，望来信说明。

叔字　（二十一年）十月二十九日

三十三

源侄如见：昨接本月七日来信，知汝病尚未复元，甚为系念。兹属汝弟来汉看视（现定乘吉和船来汉，十四日可到汉口，原船回九江，即日登山。）如不能上山，或来沪，应仍在医院静养，必须医生许可方可出院，是为至属。裁兵公债于本年八月底为汝售去五千元，除去经纪费，净收二千二百四十七元八角二分，净存票面三千元，末尾均为十六号。以前托杨元恺代买之五千元，汝有二千元，因均系百元票，我已售去，将千元票两张拨还与汝，末尾系十七号。总计现共存裁兵公债，汝名下五千元，三张末尾十六号，至前七月间我信云汝中签百元，系误看，并无其事。所有息金七月底（百廿元）及十月底（已改为六厘）均已收入浙江兴业汝存户名下。九月底结存二千二百五十二元五角九分，本日又付入公债息七十五元。现在商务印书馆股票票面改为每股六十元，价值已涨至六十二至六十五元。（前九月托李拔可¹先生为汝购进十股，每股价为五十五元。）以后要再买否？望速来信。我意亦要添买，六十五元尚可买也。余由汝弟面述不赘。

叔字 二十一年十一月十日

沈慈烨²君祖母开吊，有讣给汝，为汝送一绸帐。

三十四

源侄如见：连接汝十三日、十七日、廿一日三次来信，均悉。十三日信于十八日始到，察看汉口邮局印，系十五日，盖医院送信人耽阁也。并知汝近日大便较前为易，但不知何日可以复元出院？或至山上，或回沪，望先与医生商定，来信告我。汝弟于十七日十二点半钟即到山。秀如于次日下山，二十日到沪，云汝弟及弟妇、小龙均好。裁兵公债划还汝千元票两张，改换四十三号，我已记出。汝廿一日来信，能到五十五六元，不论何月份期，均可卖出。此时只能卖至十二月，我已电托陈叔通先生，限价至五十五元，如到此价，即为售出，如售不去，到下个月，再照汝来信；一月份期涨至五十三元以上至五十四元左右亦可售去之语。察看能到五十三元半，我亦为售去，如售去后能跌至五十元左右，再代买回一月份期货五千。但我只能托人，能否不失机会，不敢必也。商务印书馆现在积极进行，每日出新书一种，旧书每日约可得平均十种，至快须明年秋季方能将需要之书全数出齐³。股票已涨至每股六十三元。汉馆陈君所云百股，我拟出价六十三元，已告之矣。

叔字 （二十一年）十一月二十三日

家中均好。我咳嗽全愈，可勿念。

---

1 李拔可（1876—1953），名宣龚，号观槿，福建闽县人。民国后供职商务印书馆，曾任商务印书馆经理兼发行所所长、合众图书馆董事等。著有《硕果亭诗》《硕果亭诗续》《墨巢词》《硕果亭文剩》等。

2 沈慈烨，1896年生，上海人。

3 "一·二八"事变商务印书馆遭受重创，1932年8月1日正式复业，公开向社会承诺自1932年10月1日起，实行"日出新书一种"（不包括教科书和大型丛书），并按日在上海各大日报刊登广告。后商务印书馆出版了黎锦熙著《国语运动史纲》、吴半侬译《资本论》第一卷第一分册、金岳霖著《逻辑》、傅抱石著《中日美术年表》、阿英著《明清小说史》等富有学术含量的佳作。

复业中，"为国难而牺牲，为文化而奋斗"的标语悬挂在商务办公室内。

《东方杂志》1932年第七号上刊登的"日出新书一种"广告。

三十五

源侄如见：廿三日寄去航空平信，托分馆转交。顷得廿五日来信，前函尚未到，何迟迟也。知汝近体渐复，月底前后可以出院。我意出院之后或去庐山与汝弟同居，或来上海静养两三个月，庶饮食可以稳当。若留居汉口寓所，殊非所宜。我意庐山比沪寓为清静，上海来往人多，恐不能静养也。但必须问明医生，病后登山且在高寒之地留住多时是否相宜。至于药物，可以带去，山上亦有药店，医生则有数人，如须诊视亦无不便。总之出院以后不可再在汉口住耳。宜速速离开，如不宜速行，则仍住医院为是。汝之裁兵公债已于廿四日以五十五元售去，系本月底期货，现且涨至五十七元左右，然不必追悔，此等事固不能预料也。汝弟谋事我意薪水固不宜计较，地位亦不当争。汝信云须得分公司经理、工厂副经理。此时谈何容易。我久已退隐，绝少应酬，此刻竟无从著手，且徐徐再看机会[1]。上海天气前三日暖至六十余度，现已降低约十度，然仍不冷。寓中均好，可勿念。来诗改就三首，另纸附去。

叔字 （二十一年）十一月二十八日

三十六

源侄如见：本月五日寄去航空平信一件，附致屠君一信，托商馆转去，想已收到。今日得六日来信，阅后甚为焦灼。汝身体既未复元，何必急急出院？我前劝示不可拼性命以博饭碗，今来信又言为同事感情不便请假，我觉得出为不妥。若身体丧失，尚有何感情？有何饭碗？源侄，源侄，汝务必听我之言，即日请假。我已托陈、董二君为汝觅一可靠且能小心做事之仆人，为汝捡点行李，伴送登山，并托二君为我劝告。万一觉得舟、轿劳顿，则速速迁回医院，住一二星期，俟身体增健再上山亦无不可。总之我甚不愿汝再勉强办事，切属切属。

叔字 （二十一年）十二月十日

---

1 1932年10月，张树年自美国留学归国，曾向张元济提出想进商务印书馆服务。张元济说："你不能进商务，我的事业不传代。"告诫他进商务有三不利，一是对你不利。你若进商务，必然会有人吹捧你，你就失去刻苦锻炼机会，浮在上面，领取高薪，岂不毁你一生。二是对我不利。父子同一处工作，我就要受到牵制，尤其在人事安排上，很难主持公道，讲话无力。三是对公司不利。你进公司，这将开一极为恶劣之风气，必然有人要求援例。"我历来主张高级职员的子弟不准进公司，我应以身作则，言行一致。"

三十七

源侄如见：本月五日、十日叠寄两信，知已达到。前日陈君铭勋来信，知汝近日身体较健，请假事难于启齿。所言亦系实情，我不欲过于强汝，但望不要过劳，饮食起居格外留意，自己雇用一人伏侍，稍可舒服，此钱不可再省。至属至属。汝来信将浙江兴业活期存款拨出四千元，已于本月十三日开支单拨出，我自己送往新华银行，存入汝名下往来帐上，取有回单。又冯宝穌（承重孙）之继祖姒作古（本年十一月廿八日），送来讣闻，冯宝龄孟久、宝泰均为期服孙，定于本月廿九日开吊。其家住无锡，送祭幛邮寄甚不便。汝意送奠敬几何？或送冯宝龄白克路寓中，则各物均可，但不知冯宝龄是否亦迁居无锡，则我不得而知矣。望汝速速来信，否则廿九开吊恐赶不及。又汝之办公在何处，何街道，何号门牌，来信信面上必须写明，以便我直接复信，否则每回托商务分馆转寄，未免太扰人。外国人写信住址及年月日必须载入信中，此等事实可学也。家中均好，汝母仍在沪，可勿念。

叔字　（二十一年）十二月十九日

三十八

源侄如见：十九日寄去航空信，托陈铭勋转递，想已到。昨得十八日来信，知胃口尚好，惟身体进步甚缓，每星期到局不过二三日，尚可休养，为之稍慰。汝所处地位既然如此，且到阴历年后再说。彼时如能脱身，仍以到牯岭为宜。山上有女仆三人，可以伏侍。汝弟已为汝添制一火炉矣。贺年片汝勤妹说外国来货甚昂，与汝所限之价不合。商务印书馆价较廉，但无合子，想汝系作送人之用，故不相宜，已退还。汝前要《涉园丛刻》第二集一部送人。此书寄在商务印书馆，全数毁去，家中亦一部都寻不出。兹改寄始祖《文忠公集》[1]一部，声价比《涉园丛刻》为高也。汝来信多作颓丧之言，牢骚之语，此有关人生之前途，以后切不可如此。又多用铅笔写字，如遇阴天或灯下我阅看甚以为苦，以后可改用墨笔。又住址必须在信面上写明，无论何时寄与何人，均当如此，切切。家中均好，可勿念。

叔字　（二十一年）十二月二十二日

---

1 即《横浦先生文集》。文忠公即张元济始祖张九成（1092—1159），字子韶，号无垢。其先开封人，后迁海宁盐官（今浙江海宁）。据《张氏族谱》卷首徐从治《盐官张氏族谱序》记载："张氏其志公其先为宋崇国公无垢先生，后自洪武初入籍武原"。1925年年底，商务印书馆采用石印法影印明万历刻本《横浦先生文集》，张元济亲撰跋文，表达对始祖文忠公的敬仰之情。

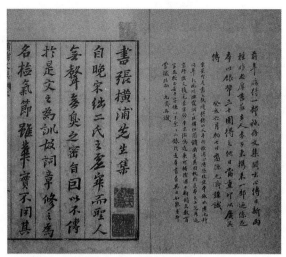

张九成撰《横浦文集》，张元济手书跋语。

三十九

源伫如见：廿二日寄汝一信，次日寄去《横浦文集》一部。汝廿四日所发航空信直至廿八晚才到，汉口邮政局印亦是廿四日，我已将原信寄邮政局与之交涉。冯宅素分即送去四元，取有冯宝龄谢片。昨日又接到董立基君带来廿二日信并衣服一包，稍后又接到寄来蔡、叶、谭三处贺片，已填住址转寄。夏剑丞[1]丈处应补寄一分也。并知汝近体稍好，甚慰，一切仍须格外谨慎。汝为汝弟预筹职业甚是周到，经济委员会固可结识些人物，不知汝弟之意愿否。教授之事我恐其不能胜任。已将汝信寄与阅看，属其自己慎重斟酌。宗超尚未有事，武汉大学教授亦可就，名义可不拘，帮教授亦无不可，但希望月得薪水二百五十元，合同订半年。如能依此条件，汝即为之推荐，否则作罢，是否用航空信速复。汝处我意必须用一仆人，可托汉口分馆设法代雇，想可办到。家中均好，可勿念。

叔字 （二十一年）十二月三十日

---

1 夏敬观（1875—1953），字剑丞，一作鉴丞，又字盥人、缄斋，江西新建人。近代江西派词人、画家。1916年任商务印书馆涵芬楼撰述，协助张元济辑印《四部丛刊》。著有《忍古楼诗集》《映庵词》《忍古楼词话》《词调溯源》等。

四十

源侄如见：前月三十日寄汝航空一信，至今无回信，不知汝身体如何，甚以为念。以后应常常寄信与我，免我记挂。汝母已于旬日前回里，身体甚健。我在汝帐上付与六十元。去年商务无股息，亦殊窘也。新华银行存单寄汝复核。浙江兴业存一千有零，是否应提存新华，抑听之，望复我。去年寄去《横浦文集》已否收到？十二日转去美国信四件，今日又转三件。此外尚有，我亦不记得清楚矣。家中均好，可勿念。汝今岁能请假稍休息否？甚念甚念。

叔字 二十二年一月十七日

去年闻汝在市政府领地。兹见广告，剪寄。

四十一

源侄如见：廿七日寄汝一信，廿八日又托汉口分馆转一信并汇银五百元。顷得自九江来信，知汝将登山。天气甚冷，未知山上住得惯否？此行能住几时？我盼汝勿急急下山，但不知在局共请假若干日？上海近数日天气极好，然甚冷。今日将寄《东方》本年第一号[1]（可阅者均○出，或加△），《华年》[2]第四期，《独立评论》第36号，《国闻周报》[3]第三期与汝弟。此信并同阅。

叔字 （二十二年）元月三十日

《东方杂志》1933年第三十卷第一期新年特大号封面。

---

1 1933年1月，《东方杂志》第三十卷第一号出版的是新年梦想特刊。登载有160余件1932年11月1日至12月5日向社会征集"梦想未来中国和个人生活"的稿件。应征者既有政府官员、社会知名人士，又有一般读者，包括楼适夷、徐悲鸿、巴金、郁达夫、谢六逸、老舍、胡秋原、金仲华、钱君匋、严灵峰、周谷城、俞平伯、章乃器、周予同、顾颉刚、施蛰存、周作人、马相伯、林语堂、夏丏尊等名人。

2 应指《华年周刊》，1932年4月16日创刊，由潘光旦主编。

3 1924年8月3日由胡政之在上海创办的一份综合性时事周报。

四十二

源侄如见：前得汝四月十七日来信，知夏姨丈为其侄女做媒，汝无意接受，当代回绝。夏二姨又来另说一起，亦其侄女，父母俱存，其父前在广东游宦，现在上海居住，共有二女一子，此为其长女，在上海某大学校毕业，现年廿九，在某校任教授事。汝婶曾见过，新旧方面均可过得去。现在千里弟之次妹即嫁与其弟，定于今年秋季完姻。我与汝婶之意，此比前次所说较好，可以接受。汝如有意，或先索照片寄去，或来沪约见，望汝酌定复我。汝弟来信谓王君志莘到山，殷殷相约，渠本未学银行，奈难拒却王君美意。惟一时不能下山就职，又恐耽误王君之事，当写信与汝商酌云云。我意无可否，悉听汝弟自决也。我今年能否到庐山未定。汝婶大约可去，即去亦在下月下旬。山居已买定，即118A¹，共价四千元。今日我偕汝婶赴杭，约一礼拜回沪。家中均好，可勿念。汝于勤劳之中务要自己保养，至属至属。

叔字　（二十二年）五月六日

前拨汝内弟五十元，已久，我处未接回信，不知汝处有信否？

四十三

源侄如见：月初寄去一函，想早到。我与汝婶于本月六日赴杭州，寓新新旅馆。汝妹转到汝四月六日信（疑系五月六日，因在前所接一信乃系四月十七日也。）并云汝所要衣服已照单交高妈取齐包好，送至程宅托其汉，想已收到。我与汝婶于十一日回沪。此游甚乐，于身体颇觉有益，惜乎为时甚短也。祥保近患身热，已经三日而热不退，医生亦看不准。昨晚鼻血甚多，疑系伤寒。今日清晨即约医生来看，云甚似伤寒，劝进圣心医院。祥保并无不愿，决定派高妈陪住，定住二等房。顷由该院派病车来接，由汝妹送往。此病不能说无危险，只要捱过两星期，便可平安。稍有起色，我即告汝。再前信所说夏姨另说亲事，即为其从堂侄女，父母俱全，曾在沪江大学毕业，汝婶甚属愿意。家世甚好，女子于新旧两面均可去得。我甚盼汝早日决定复我。今年芍药蕊多而花少，恐犹是培壅不足之故。汝婶约在阴历五月底上山。我去否未定。沪寓均好，可勿念。善自保养为嘱。

叔字　（二十二年）五月二十四日

1　即牯岭中路118号A别墅，原为一英国传教士所有。1933年，张树年在庐山，遵张元济之命购置此屋。后经整修，又在空地上另建一小屋。园内铺上草坪，种了许多杜鹃花。从此，张元济及家人、亲友上庐山避暑即居住在此。

四十四

源侄如见：前接六月七日误作五月七日、十日两次来信，均悉。我因事忙，属汝弟作复。现在祥保病愈复元，照常上课，暑假后伊有换学之意。汝弟亦愿其移学于圣玛利亚女校，已托人保证报名。夏姨作伐之事，望汝上山与汝婶商定。婶于前三日挈汝弟动身，乘德和轮船至九江登庐山。我今年恐不能前往矣。阅报知汉口大水，汝在铁路工程上办事，出入务须小心，千万不可冒险。如一时不能办公，汝即可藉此机到庐山暂住，至嘱至嘱。前年汉口大水，颇有逃避不及者，故特飞函，谆切告诫，饮水尤须慎重，预防疫疫［病］。余不多述。

叔字　（二十二年）六月廿三日

四十五

源侄如见：前得七月六日来信，知汝移居官房，较为舒适。近来身体若何？务望注意。江水已退，天气正热，我意汝可请假一二星期上山与汝婶商定夏宅亲事。我为商务印书馆忙于印《百衲本廿四史》[1]，今夏不能抽暇上山，此亦无法。汝母来信，附信亦催汝此事，万不可再延迟矣。我拟在山中新购地上添造小屋数间，预备人数稍多时不过局促。否亦可以出租，已属山中工匠绘图估价。汝如到山亦可与汝弟商酌决定。近购到商务印书馆股份若干，每股仅六十五元市价已售七十，汝如要可以五股归汝。我身体甚好，右手颤震近来忽已减去十之七八。冯、黄二姑母半月前来寓我处。家中均好，勿念。一切格外谨慎。

叔字　（二十二年）八月二日

---

1 张元济主持商务印书馆工作期间，辑印了大量古籍，其中以《百衲本二十四史》投入精力最多，费时最久，成就最大。辑印《百衲本二十四史》乃有感于"为学不可不读史，尤不可不读正史"，从1930年开始辑印，原定于1933年出齐，中途因遭遇"一·二八"事变重创，导致已经印制好的大量图书、印版被焚毁，甚至连馆藏的宋元古本也未能全部抢救运出，直至1937年方全部印成，前后历时七年。1933年7月，张元济校阅《元史》《南史》《魏书》《宋书》《南齐书》《陈书》等毛样。

《百衲本二十四史》（1930—1937），张元济主持辑印。

四十六

源俖如见：本月二日寄去快信，想先到。汝定何日上山？天气大热，我甚望汝请假一二星期，稍稍休息，且可与汝婶氏决定夏宅亲事。汝婶留山不过一月有零，汝不宜再耽阁也。汝近来身体若何？我甚悬念。牯岭所买之屋，房舍太少，地面甚宽，我思添造数间，可分可合。汝弟在山招得包作绘图估价，我用红笔略有改动，明日另邮寄去。汝详细为我一看。汝弟来信须一个月后方能开工。如上山可与汝弟面商一切，并招包作来当面妥订。又家中西廊长梁已朽，前日请鲍君庆寿[1]为我察勘，据云必须改造，劝我改水泥铁骨，并代绘图，明日一并寄去。据包作张根记估价，约须银五百两，如原有圆柱改用水刷石子，须加百元。汝亦为我一核。家中均好。

叔字　（二十二年）八月十二日

四十七

源俖如见：十九日寄去航空信，想早到。信中促汝即日请假上山，与汝婶面商夏宅亲事。顷得汝弟廿三日来信，谓至今未得汝登山消息。汝婶下月十四动身回沪，甚盼汝即日到山一见。我以为无论如何忙冗，此婚姻大事请假数日不算失

---

1 商务印书馆同人，印刷所中负责管理建筑的人员。

职。失此机会殊为可惜。我谆谆见属，务必听我一言。勤儿与孙君遽方缔婚业经定局。喜期约在今年十一月十一日[1]。我近甚健，寓中亦均好，可勿念。此信到后，定何日上山，即以航空信复我。切切。

叔字 （二十二年）八月二十四日

四十八

源侄如见：前日接汝廿六日信，并附还本宅改造西廊图样，已悉。我现定乘太古洋行吴淞船到九江，九月三日早开，五日晚到。当日恐不及上山，即在牯岭公事房住宿一宵，六日清晨上山。汝最好接到此信后即行请假，于四日夜由汉口动身，五日午前到浔，即到牯岭公事房歇脚。吴淞船如能早到，在下午四钟以前，我即行上山，否则次日清晨同行。附去致牯岭公事房徐君国栋一信，汝可先持以往接洽一切。万一汝四日尚难离汉，至迟九月七、八日亦必须到山，余不多述。

叔字 （二十二年）九 [八] 月三十一日

四十九

源侄如见：在山接汝到汉口后九月十一日所发一信。我于十四日早偕徐太太、汝婶、弟、龙官下山，乘瑞和船下驶，于十六日午刻抵沪。汝弟在船曾复汝一信，想已递到。寓中均好，惟汝弟因患腹涨，胃口不佳。龙孙正在诊验，尚未断定何病。汝来信述及山中建筑各事已交汝弟办理。山海大理石厂换领股票，我稍暇时再为妥办。夏宅姻事汝婶归后即约夏姨过谈，并将汝在山中所照相片交去。今日夏姨来言，父母均甚愿意，惟女子本人欲先行见面，方能决定。此亦题中应有之义。并交来照片两纸，但云此非最近所照，今附去。我与汝婶之意极盼汝请假，即日来沪，彼此一面，即可早日决定。事不宜迟，万勿再失机会，至多不过十日，想不至有妨公事，将来并可与汝弟同舟西上。何日东下？乘何轮？飞函复我。切盼。又新中工程公司通告一纸附去，望收阅。

叔字 廿二年九月十九日

---

1 1933年11月11日，张树敏与孙遽方在上海大东饭店成婚。蔡元培为证婚人。

五十

源侄如见：前得衡州及自衡归后信各一件，已属汝弟作复，计已递到。汝被人控告，究系何事？已否开庭讯问？局中所延律师辨［辩］护如何？已否了结？务望迅速来信详述，慰我悬念。夏宅姻事，据来信所言恐系无意。婚嫁终身大事，必须彼此两愿方能美满，今既如是，只可另图，过去情形作为镜花水月可耳。汝弟于年假满后，新华开门之日即到行受事。先赴西区办事处参观练习，现调往西门一处，闻过数日后尚须移往虹口。寓中均好，可勿念。余不多述，一切谨慎注意。

叔字 二十三年元月十一日

五十一

源侄如见：叠接一月廿五日、二月一日来信，并律师拟复法院稿，已阅悉。路局复法院稿请再定期侦查。汝二月一日来信亦云已遵法到庭。到庭如何陈述，问官复讯问，来信均未叙及，我甚为悬念。兹将各件寄还，望查收详细复我为幸。汝婶病已两旬，寒热总在百度左右，时升时降，清晨退尽反低，午后则升。精神尚好，惟见瘦弱，据逄方说目前无甚危险。现在打一种药针，须打四次，看三四日后有无效验。据我看来似有可虑。此缘平日烟酒蹧跶，到此已无可如何，只有尽人力以待天命。汝来信云告假回沪省视，我意讼事未了以前，不宜离开。汝妹一嫁，耗费不少，加以商务折减，公债受亏，以后日子我亦甚不易过耳。汝弟早出晚归，尚见勤奋，媳妇及龙孙在山均好。汝寄雄夫七十元今日已开支票寄去。汝妹为汝做媒事暂缓，候汝续信。报称屠君他调，已换殷德洋，有无其事？我身体尚好，除为商务印书馆料理印旧书事，尚须兼理家务，甚以为苦。余不多述。汝来信云因公被控，心殊为"毁"（此应作"灰"），断断不可。凡事只在自己不做错，外来毁誉可不问也。

叔字 （二十三年）二月六日

五十二

源侄如见：昨得汝七日航空快信，知汝为婶病多所挂念，拟来沪省视。具见汝之挚情。汝婶之病为肺痈，即开刀亦非必治，况年龄已高，身体又不见强，兼之自己惧怕，内攻亦无把握。现在溃脓吐出不少，但是否能吐得干净，殊为难说。现在病渐退而元气大亏，所虑身体不能支将。前数日甚为沈重，三日之内又见轻减，虽非转机，然亦未必绝望。汝事我已函托汪世丈，但并无回信。杨端六[1]兄却有信来云本无问题，能多加注意更好等语。我意汝断不宜请假，若一请假难免借题就此裁撤或调一难堪之事。汝来于汝婶未必有益，而于汝之职务则大有损。故我以为万万不可离职，至属至属。再汝弟妇已挈龙官回沪矣。

叔字　（二十三年）四月九日

五十三

源侄如见：前于九日寄去航空快信，想收到。汝婶近日又稍有起色，惟胃口未开，身痛未止，热度渐平。今日拟过血，此足以助长精力，不知能否奏效。汝千万不必请假来沪。于病人无益，于汝自己有损，务听我言，至嘱至嘱。新局长相待如何？杨端六信想已亲递，曾见到否？（又来信一纸附去）杨君与弟［我］感情甚好，在社会上亦有声誉，汝可常常亲近也。我想在住宅前面尖角地上，拆去茅亭亦已倒，改建小屋两间，租与商务印书馆为校书人办事住宿，收回月租，不无微息。原定平屋两间，阔十四尺深二十四尺，估价一千六百余元。嗣拟改建阁楼两间，阔改十二尺，深亦略短，免得与围墙太近，致小窃易于攀登，开价二千五百余元。兹将该屋图样及估价单另封寄去，汝为我详细一看，有何不妥之处，即将应改之处另画，并加说明。其平屋图样及估价单亦附去，备参考而已，已决定不用也。该价是否可减少若干，并为酌定，从速寄还。

叔字　（二十三年）四月十三日

附去建筑说明二纸，应增应改用另写明寄还，又嘱。

五十四

源侄如见：昨得汝五月三十日信，并寄还汪君信。汝意欲谋监工之事。我与钱君不相识，问常熟瞿良士[2]亦无交情。只可迳达汪君，已于今日寄去快信。信稿属汝弟

---

1 杨端六（1885—1966），原名勉，改名超，祖籍江苏武进（今常州）。1920年回国至1928年，曾在商务印书馆任职，任会计科长，主导商务印书馆现代会计制度的建立。著有《六十五年来中国贸易统计》《银行要义》《现代会计学》《货币与银行》等。

2 瞿良士（1873—1940），名启甲，别号铁琴道人，江苏常熟人。民国藏书家，著名藏书楼铁琴铜剑楼第四代主人。商务印书馆涵芬楼刊印《四部丛刊》多借其家旧藏影印。承先人业，于光绪二十四年（1898）成《铁琴铜剑楼藏书目录》24卷，著录宋元旧椠及稀见抄本1200余种。编撰有《铁琴铜剑楼书影》《藏书续目》《藏书题跋》等。

录出附去。黄膺白[1]亦无交情。黄伯樵[2]虽曾在商务印书馆编译所，然我并不相识，且从无往来，只可徐为设法。汝回国已久，至今仍碌碌依人，固难怪汝之牢骚，然亦限于才力，而最吃亏处即在汉文不够，以是应酬、谈吐亦不免相形见绌。投身政界非汝所长。故我意以后汝宜在技术上谋生，较为合宜。汝至今自知尊重，未曾入党，此我之所最欣慰者。安徽建设厅事亦官事，且多匪患，我甚不愿汝厕身于彼。家中安好。汝母于昨日回盐。我无恙，可勿念。

叔字　（二十三年）六月二日

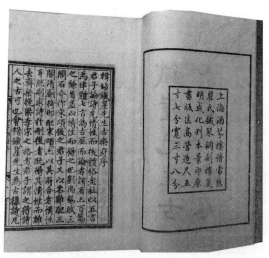

《四部丛刊》之《铁崖先生古乐府》内页，上海涵芬楼借常熟瞿氏铁琴铜剑楼藏明成化刊本影印。

五十五

　　源侄如见：六月八日来信附凌君复信已收阅。康君相劝之言与我同意。监工之事汪君尚无回信，恐未必有回信。我意汪君必能与钱君提及，如汪能推荐，固不必再借他人之力，如汪不推荐，则即有陈君之信，恐钱君亦未必肯用。我意陈君处汝不必进行，更不必亲来面托也。现在宜竭力进行铁路工程之事，且看机会，不必性急。如南京太费，尽可回沪，在宁沪、杭沪方面谋画，一个月内或赴南京一次，不使

1　黄膺白（1880—1936），名郛，号昭甫，绍兴上虞人。

2　黄伯樵（1890—1948），江苏太仓人。曾任职于上海商务印书馆，接手《德华字典》的编纂工作，这是第一部国人独立编写的德华字典。

冷落。未知汝意以为何如？现定于十五日为汝婶运柩回盐，十七或十八日下葬[1]。汝千万不必回来，恐失却机会，且我另有原因，想汝能自知也。我身体尚好，惟手颤日甚，余无恙。

叔字（二十三年）六月十一日

汝现已离粤汉路，不宜再用本路信封、信纸。

来信"稳固"误作"隐固"，以后注意。附还。又附山海大理石公司信一纸。

五十六

源侄如见：本月四日得汝一日来信，知汝抱病远行，到郑州又人地生疏，我甚忧虑，当托高梦旦[2]先生电致其婿洪君光昆，托为照料。或代觅医院，或代觅洁静宿舍，同时又寄汝快信。顷得汝五日来信（昨得汝四日来信），乃误为北平之电，又由吴、王两君转告。此信系高梦翁致洪君光昆者，何以由吴、王二君转达？又误为北平之电？殊不可解。洪君曾否见面？汝四日来信，谓已持王、高二君信前往分谒，究竟已见面否？来信绝不提及，诧异之至。高梦翁谓其婿人极诚恳，且在郑多年，如有需其相助之事（指私事而言），可切托也。我进士同年姓顾者，汝来信不说是何省分，又无名字，年纪若干，无从捉摸。兹查得共有两人，一顾仲安号笆庭，山东聊城县人，在壬辰已四十三岁，今年当八十五岁，此人我不熟。一顾瑗，河南祥符县人，号亚蘧，中式时年仅二十一岁，其人似已去世。在京时甚熟。其弟忘其名号，习矿学，我亦相识。如系我同年之弟，汝应称世叔。如为其侄，应称世兄弟，当面却不可称世兄，缘世兄为对卑幼之称也。当伊与汝认世交时，汝即应问明年伯名号，并与伊是何辈分，即可决定称呼。汝不知辈分，如何称呼？以后不可如此疏忽。若系我同年之弟，汝不称世叔，必致招怪也。切宜牢记。孙伯恒[3]处即写信。汝弟妇已于本月二日到山矣。

叔字（二十三年）七月七日

---

1 张元济夫人许子宜因患肺癌，于1934年5月2日逝世，享年59岁，6月17日葬于海盐张氏合族公墓。

2 高梦旦（1870—1936），名凤谦，福建长乐人。商务印书馆元老，近代中国最富实绩和最具声望的出版家之一。长兄高凤岐以桐城派古文学知名；次兄高而谦留学法国巴黎大学，精通洋务。少从长兄读书于福州九彩园，并考取秀才。高梦旦曾任浙江大学堂教习，后赴日本考察文化及教育。回国后，张元济聘其入商务印书馆编译所，先后任国文部部长、编译所所长。

3 孙伯恒（1879—1943），名壮，号雪园，直隶大兴人，原籍浙江余姚。曾任商务印书馆北平分馆经理、中国营造学社校理等。著有《永乐大典考》《版籍丛录》《集拓魏石经》《楚器图考》《北京风土记》《俗语古注》《读雪斋印谱》等。

再钱局长为杭州人，我因函托叶揆初君。接复信谓系其祖母之堂侄，允即作函相托。我昨日又去一信，说明海州海口工务如海塘、码头、货栈均甚忙，最好请调该处监工，俾得从事工程，不致坐食虚糜公帑等语，谅不日必有信致钱君矣。迳方为汝所买之药可以常服，服尽可来信，当再买寄。夏剑丞丈荐一女师为祥保补习国文，一礼拜六小时，月薪二十四元。余不多述。我定十［日］晚起程，现忙得不堪。

叔字　七月七日

五十七

源侄如见：记得月之七、八日复汝五日所发一信，想已递到。汝近日身体如何？甚以为念。王、洪诸君已否见面？前次来信绝不提及，我甚悬悬。孙伯恒处已去信，尚未得复。陈君叔通与汝局长钱君亦有戚谊，钱弟为叔翁甥婿云，亦可托招呼也。我于十日夜上船，昨日下午三点三刻抵九江，即刻登山，到寓日尚未落。今岁山中气候亦比往年为热，然夜间仍可盖薄被也。夏剑丈告我许小姐允汝与通信。其父为许恭慎公壬午典试江南取门生，故与我甚熟，沪杭甬路事曾同伴入京，共事数月。我曾至海州面粉公司，投宿数夕，两家交谊亦可略述也。闻许小姐国文程度尚好，汝通信须详加检点。暑季饮食切宜注意。

蒜精炭服完可托勤儿再购寄，此药于汝甚宜服也。

叔字　（二十三年）七月十四日

五十八

源侄如见：叠接汝十四日、廿一日两信均悉。已觅定居宅，自比旅行社招待所清静。饮食极须留意，千万不可吃生冷。汝弟妇及龙孙先后患痢疾，幸我来此，汝弟妇入居医院三日，现均痊愈。龙孙热度退尽，胃口亦佳。我亦眠食并善，可勿念。许小姐名号已托剑丈告知汝弟，由伊函汝。孙伯恒已有回信，云即函知伊叔汝应称太世叔。王君慕陶亦有复信，李拔翁允为照料，汝晤时再为致谢。山中新屋今届租与湖州莫君，租价四百元，在今年尚算便宜。彼此甚相安。山中天气近数日不过七十五六度。我校书并不劳，昨日出门访友，步履甚好，往返约行十里，并不吃力。

叔字　（二十三年）七月二十五日晨起灯下

五十九

源侄如见：叠接汝七月廿四日、卅一日，八月四日三次来信，均已悉。钱君才甫本系商务印书馆旧同事，昨得陈叔翁信，乃知其即在郑州中央银行任经理。兹附去谢信一件，并为汝介绍。汝可持函往谒，并面谢，应称世叔，并可常与往来，藉资联络。汪胡桢[1]君问影印《行水金鉴》事，已转达公司，无论印否，必须去一复信。我处接有回信再告汝。许女士名号想汝弟已经有信寄汝。前我托徐年伯母向杨宅（女士在彼教授）探问，云皮气行为均好。顷汝弟又有来信，云近见夏二姨称，闻许宅已有允意，须常时通信，藉作先导，不知汝已去过信否？新屋添做水厕，为出租起见，不能阙少。旧屋加做楼上两处、楼下一处，需价一千二三百元，贵在自做粪池，因马路并无粪沟之故，新旧须分做，故价不能减。用马桶已二十余年，即令做成，汝婶亦不及使用。我意作罢。今年改装明电线、油漆全部，并修理西洋台汝弟来信，敲去洋灰见大料已烂作三段，恐所费须及千金矣。我甚安适，伍昭翁及葛亲家均来此同住，殊不寂寞。汝弟妇亦健，惟龙孙每日总微有身热，然眠食精神均甚好。

叔字 （二十三年）八月九日

高信已封寄，曾信改定附去。

六十

源侄如见：前得八月十四日信，知我致钱君才甫信已收到，久未得复来消息，甚以为念。顷得八月卅一日信，知因阅卷事无暇，但来信并未提及曾否见钱君。岂未去耶？抑忘却耶？我信所注日子已久，不宜再迟，恐钱君疑汝不愿见之也。龙孙每日体温均升四五分，而精神饮食均好，医生谓无关紧要，但宜多睡。媳妇甚健，渠是否与龙孙留山过冬今尚未定。葛亲家下山已四日。伍昭翁后日亦行。我拟本月二十日前后返沪，行期未定。沪屋西楼廊并未改造水泥大料，仅照前廊做法，换用横木，外罩水泥。新屋现已盖顶。正屋现正油漆。电灯明线业已改装。我拟俟正屋修理一切完毕方回去也。许女士有回信否？山中已凉，每日御夹衣，有时竟可穿薄棉。我甚健，可勿念。勤儿受孕，现正患恶阻。余不多述。

叔字 （二十三年）九月四日灯下

---

1 汪胡桢（1897—1989），浙江嘉兴人。现代著名水利专家，我国现代水利工程技术的开拓者。主编《水利》月刊。与商务印书馆商妥将《行水金鉴》及《续行水金鉴》刊入《万有文库》中。

六十一

源侄如见：得九月八日来信，知汝安好，甚慰。龙孙每日热度近稍低减，据Barrie医生意见，病源终在肺部，但饮食精神如前，不过五分以上并无紧要，或系一种特别体质。今年媳妇拟仍留此过冬，但须候汝弟决定。我近体如常，惟校书过多，目力时虞不及。此事又不能罢手，辄唤奈何。现俟汝弟来信报称油漆将干，我即下山，但至迟月底必须到沪。钱君才甫既在开封，我意汝可将我信先行寄去。开、郑相距不远，礼拜六午后起程（或乘夜车），礼拜日夜间返郑，如此则不必请假。此人系我之旧交，又经陈叔丈托其说项，汝与之往来，多一朋友总有用处。即请假一二日，扣去薪水，亦值得也。许女士信阅过附还，我回沪后当向夏姨丈处探听消息。高、李二丈介绍之友、孙伯恒之叔及有年谊之顾君相处如何？何以来信绝不提及？汝现在食宿情形若何？即复我。

叔字　（二十三年）九月十四日

六十二

源侄如见：九月十四日在山中复汝一信，并寄还许女士信，想已递到。我于廿七日下山，廿九日到沪，途中安善。到沪见汝弟、妹亦均无恙。祥保在校未见，云须一礼拜后方能乞假回家也。夏姨丈已见过，探问许宅意见，据云并无问题，最好盼汝来沪一行（万一不能即来，宜多通信），再晤面数次，便可正式请媒妁求婚。不知现在请假有无妨碍？或说明为婚姻之事，当无不可。叶揆初得钱君宗泽[1]回信，云断不投置闲散。现在工务处与处中人亦甚浃洽云云。汝母来信一件附去。钱君在开封，汝曾往访否？我前函劝汝往见，似不宜迟。正、续《行水金鉴》商务印书馆业已编入《万有文库》第二集，现售预约，明年出书。汝可函复汪君胡桢。

叔字　（二十三年）十月三日

六十三

源侄如见：连得汝九月三十日、十月十二日两次来信，知汝有西安之行，比已返郑。出门劳动，身体如何？甚以为念。我近来身体甚好，唯校书事太忙[2]，无

1　钱宗泽（1891—1940），字慕霖，浙江杭县人。

2　本月校阅有《百衲本二十四史》的《魏书》《晋书》和《四部丛刊》的《辍耕录》《春秋正义》《茗斋集》等毛样、清样。

片刻之暇，殊以为苦。然商务印书馆为此时一家养命之源，我虽不拿一钱，然我若放手，恐大家从此松散，真觉进退两难也。我与汝弟二人在此父子相对，枯寂不可名言。幸汝姑母挈二媳一孙来此小住，稍解岑寂，然不久即将归去。前日往见夏姨丈，述汝意。据言许女士意似许可，迭托各方探听，均无异言，惟此时未宜直询。其母仍属汝早日来沪，多晤谈数次，便可请出媒妁说婚。我意汝可迳以此事陈明局长，请假半月，想无不允也。此次归自西安，过开封，未往见才甫，甚可惜。

叔字　二十三年十月二十二日

六十四

源侄如见：叠次来信均收阅，属汝弟作复，想阅悉。我因年终结束出书[1]，忙冗不堪言状。昨日业已赶完，稍可停顿。幸身体尚可支持，可勿念。我年来出多入少，景况渐难支持，今年尚拟谋一精力可胜之事，此亦无可如何耳。顷夏丈又来一信，附去。汝亲事不可再缓，旧历年终务必来沪一行，千万千万。冯姑母已于四日前回去矣。

叔字　二十三年十二月二十九日

六十五

源侄如见：前得三月十八日、廿八日来信，已悉。所定六月九日或十五日吉期当即托夏姨丈转达。许宅久无复音，询知女宅往杭州与许女士之兄商议。四日前夏丈来回音云女宅以为旧历五月不无俗忌，亦嫌过于局促，商改八月，汝意以为如何？我想所谓八月，必指旧历，若阳历，则尚热，似不宜也。我近为公司编《丛书集成》目[2]，忙冗至不堪言，幸身体尚好，可勿念。

叔字　（二十四年）四月十六日

---

1 本月《四部丛刊续编》出书7种，包括《容斋随笔》《龙龛手鉴》《金石录》《周易要义》《礼记要义》《茗斋集》《春秋正义》。至此，《四部丛刊续编》80种500册，全部出齐。《百衲本二十四史》第四期书《晋书》《魏书》《北齐书》《周书》出版。

2 即《丛书集成初编》全目，1935年3月编定，1935年12月开始出书。《丛书集成初编》选辑上起宋代、下至清末之丛书共百部，包括综合性丛书80种、专业性丛书12种、地方丛书8种，可谓"集古今丛书之大成"，为我国丛书史上一大成就。此丛书由王云五主持，但从计划、选书到审稿均由张元济亲自负责。初编计划出版4107种4000册，预计分五次出齐，每半年一次，两年完成。因1937年"八一三"事变中止，当时实际只出了3062种3476册。1985年起中华书局用上海商务印书馆本影印，将未出者补齐。

六十六

源侄如见：本月十六日寄复快信，想先到。续得同日来信，已阅悉。许宅请展缓婚期，表面虽云五月不利，闻许女士曾往杭州晤商伊兄，或因有家事关系。汝可与许女士迳行通信。我意亦以早办为宜。我定本月廿五日由沪启程作西安之游，同行者叶揆初、徐梅轩、葛亲家及刘培馀汝弟之连襟，廿六夜可到郑州，拟下车住宿一夕，次日再西进[1]。相见在即，不多述。

叔字 （二十四年）四月二十四日

1935年张元济（后排左四）与朋友合照于陕西南五台山。

1 据张树年《我的父亲张元济》，平湖徐眉轩知道张元济生活寂寞，便提议西北之行。徐与时任陕西省主席的邵力子为旧交，由他从中联络；徐与张树年岳丈葛嗣澎有戚谊，由葛嗣约张元济。张元济对西安、咸阳古迹向往已久，立即同意，同时约浙江兴业银行董事长叶景葵同行，叶又约浙江兴业银行董事陈理卿。张树年的襟兄刘培馀因爱好旅行和摄影，请求同往。

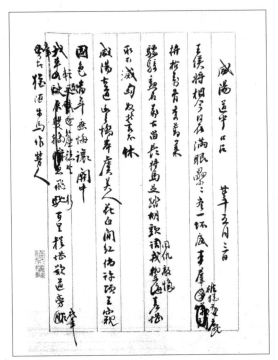

咸阳道中口占诗稿。

《丛书集成初编》（1935年开始刊行）。

六十七

源侄如见：昨日原拟到华阴登山，不意幼达兄[1]到潼关后在车站上探得庙中住兵，投宿不便，遂改赴西安。武君派人在车站城门招呼，未验行李，中途先以电话告知商务印书馆，到时馆中经理并约同馆员、茶房等招待，同至西北饭店，房舍尚属洁静。汝去信至沪切勿言中途有兵匪事，免汝弟悬念。幼达明日即回。

叔字　（二十四年）四月二十九日

六十八

源侄如见：前接五月一日来信，已悉。现在西安本城及附近各处均已游毕。此间有商务印书馆照料，官方有邵力子君[2]招待，均极妥协。已定九日早车动身到华阴游华山，十二日下山，住潼关中国旅行社，十三赴洛阳，十四日游龙门，当日午后乘四点廿一分特快车东行，夜八点到郑州，仍宿中国旅行社。次日夜乘特别快车赴徐州，转平汉车回上海。汝婚事我已两函属汝弟催媒人速商，如有后音，当迳告汝。我甚好，可勿念。

叔字　（二十四年）五月七日

1935年5月10日，张元济（右一）与友人在华山北峰真武馆合影。

1　即叶景葵堂弟，生卒年不详，业医。曾将一子绸过继叶景葵为嗣。

2　邵力子（1882—1967），原名闻泰，字仲辉，笔名力子，绍兴县人。著名民主人士、社会活动家、政治家、教育家。著有《邵力子文集》等。

六十九

源侄如见：到上海后曾令汝弟寄去两信，想均到。汝续娶喜期由坤宅选两日，二、六月廿四日我意日期太促，拟取廿七日，又可舒转三日。夏姨丈力劝专备茶点，勿办酒食，近来颇通行。我亦极以为然。汝弟已往看柏乐门，即在本街之口，往来甚便。汝意决定后速复，以便印帖。坤宅谓伊处必须请酒。看来只可分办。新房即设于我处，在楼下东南角客室。汝弟意临时可租用床椅数事。准衣饰千元，我归后即托夏姨丈送交坤宅。又据夏姨丈言，汝岳母与二姨太太恐不能同居，然则汝新妇将来行止两难。我现拟托人将汝调沪宁，若能办到，则此问题易于解决，未知汝意以为何如？余由汝弟函详。我事冗不尽述。

叔字　（二十四年）五月二十四日

外致钱局长一信，阅过为我面呈。又吴处长信。

七十

源侄如见：廿四日寄去一信，并附钱、吴二君谢信，想已到。昨今叠接汝廿二日、廿五日两次快信，均悉。嗣与坤宅商议，彼此分设两处办事终觉不便，且柏乐门离家固近，而离中心太远，于贺客亦不相宜。故仍改定北四川路新亚酒店，与坤宅并在一处，仍用酒席，惟中西尚未定。喜帖亦已付印，印成在下月一日即寄汝五十份。郑州住址应否补盖木戳？汝临时酌定。新房设在家中，毫无不便，弟不免稍形局促耳。汪精卫兄来沪，我往访未见，闻昨日又来，今日与通一信，闻今晚即返南京，恐未必能见面也。寄去谢信三封，分别代交。汝寄与叶揆翁信，信中"惠翰"误作"输"，已代改正，即送去。余事由汝弟复。

叔字　（二十四年）五月二十七日

七十一

源侄如见：廿七日寄汝一信，附致叶幼达、顾伯寅、秦仲宽三信，想已到。前昨二日叠接汝廿七、廿八日来信，已悉。新妇三朝送糖茶并针线等，与汝姑商量，只送一日。除汝母应送衣料外，我与汝姑比汝母降一等。此外只送媒人，如汝母舅来沪，亦应与我及汝姑一样，不必另备，即将送我一分陈设，好在总不收受，如不来沪，则亦不必寄送。当属汝弟告知夏姨，转致许小姐。结婚地点已定新亚，与女宅合办，前信已详，兹已［不］复述。新房决在我处，来信屡以为言，殊太过虑。汪精卫兄前日来沪两次，我往访未见，致信问候，复信附汝一阅，阅过寄还千万不可向人说伊病情。似此情形，如何能请其来沪证婚？如彼时彼病已愈，适当其时彼亦来沪，则可请其临时一到，先数日我可托人打听。如无来沪之意，则早二三日临时请蔡年伯，亦无不可[1]。顷我复寄精卫一信，将原稿寄去，阅过同时寄还。再汝于婚期二三日前来沪未免过迟，最好于五六日前来。汝酌之。外附谢信两件，即送去为要。

叔字　（二十四年）五月三十一日

七十二

源侄如见：我于七月廿七日到山，因于船中闪腰，上山乘轿颠簸，腰痛增剧。潘妈出示汝七月廿二日信，即属祥宝先复数行，计已收到。嗣又得少奶奶廿五日来信，知客居并无不惯，并云诸事以俭为主，阅过不胜欣慰，震声[2]病已愈，惟尚未复元。渠所租之屋，汝曾见之，湫隘不堪，病后天又热，诚太苦。我劝其多告假二三礼拜来牯岭休养，并拨去三十元，俾作旅费，不知能来否？葛亲家病亦渐好，已出医院，不知有无变动。我身体尚好，每日校书至晚，不免疲劳。陇局比裁人否？钱局长近来相待何如？甚以为念。暑季一切谨慎，至属至属。

叔字　（二十四年）八月四日

少奶奶[3]均此，不另复。外致过女士，即交伊弟。

七十三

源侄如见：本月四日寄去一信，内附致过女士信，想递到。叠接汝两次来信，一、少奶奶代，无月日　一、八月七日　均悉。葛亲家竟于本月八日在上海病逝。汝应去一唁信，或发一交际电费甚廉慰唁，附去拟稿，望酌用。开吊恐尚无期。闻灵柩一二礼拜内即回平湖。汝可先送一花圈，或先送祭幛。将来开吊不再送亦可。汝酌定后径汝弟代办可也。信未写完，又得八月八日来信，属我节劳。汝意甚好，但日夜不休尚来不

---

1 1935年6月27日，张树源、许廷芬于上海北四川路新亚酒店举行婚礼，蔡元培为证婚人。

2 即张元济族侄张震。

3 即张元济侄媳许廷芬。

及，奈何奈何。祥保已与本校女师结伴，定于本月卅一日附武昌船回沪，船票已购定矣。我甚好，祥、龙无恙，可勿念。

少奶奶同阅。

叔字 （二十四年）八月十二日

震生病愈，我约其来山休养二三星期，并送伊旅费。伊因其妾又病，不能来矣。

附录：挽葛稚威（1935年8月）

续命恨无方，岂坐垂堂，终惜千金轻一掷；
怀才嗟未遇，遥瞻泮水，且迟九载靳重游。

又一联

匡庐小住，泰华攀登，胜迹追随今不再；
同学少年，缔姻晚岁，知交零落我何堪。

七十四

源侄如见：得十七日来信，已悉。我于十五日忽患牙痛，终夜不眠。次日复发热，浑身发颤，体温升至一百二度，即招柏利医生诊治，谓是冒寒，遂入居医院。次日热渐退，十九出院。现在眠食如常，惟身体疲乏，两足无力。看书稍多便觉困倦。刻服药据称系补剂，然无甚效验，想是衰年忌病，病后不易复原也。汝近来写字甚有进步，务望常常临帖（最好临《多宝塔》《九成宫》等帖，字体端庄，实用最宜）勿稍间断，结构宜求紧凑。我就来信稍稍批注，望友为要。祥保月经失调，已延柏利医生诊治，亦无大效。我属其反沪后就遂方再诊治。余不多述。

少奶奶同阅。

叔字 （二十四年）八月二十四日

七十五

源侄如见：叠接八月卅日、九月七日两次来信，均悉。我病已痊，足力亦复元，眠食如常，一切我自当小心，汝可勿念。汝弟于四月［日］到山，汝弟妇在船上染痢，到山即入居医院四日，现已复元。全家在此团聚，我甚欢乐。现定十六日偕汝弟先行下山，乘平和船返沪。汝弟妇拟再留一两月，到葛亲家开吊前带小龙回上海。汝信所问还张考基垫款，汝弟云已照还矣。寄来许静山[1]所撰《许太夫人寿言》已收到。静山亦余旧友，曾充义大利公使，逝世已久，如在年当九十外矣。其子溯伊[2]，文笔亦好，我亦识之，但不知现在何处。秋凉汝格外谨慎饮食。

少奶奶同览。

叔字　（二十四年）九月十二日

七十六

源侄如见，少奶奶同阅：我与汝弟于本月十六日下山，乘平和轮船东下。汝弟于十七日午后到南京登岸，乘火车先返沪寓，我于次日十点半到家，途中甚安。惟归后信件堆积，印书事又甚烦冗，幸身体复元，汝可勿念。接汝九月十二日来信，由牯岭转来，知少奶奶不日归宁，我前日遣高妈到许宅问候亲家太太，知少奶奶尚未到，并闻汝有胃病，因此展期。究系何病？病状何如？甚为悬念。望即复我。我在船上无事，为汝代撰挽葛亲家一联，另纸写去，汝如愿用或在郑写寄，或寄回代写均可。外复顾世兄信即转交。一切格外谨慎，饮食尤须注意。

叔字　（二十四年）九月二十五日

七十七

源侄如见：前闻汝有胃病，极悬念。廿五日寄去一信，问汝情形，想已到。昨日少奶奶来，言近一月来比前更甚，常觉腹痛，又常呕吐，每日事毕回家即觉疲乏。胃为人体极要部分，极应从速诊治。少奶奶又言汝不甚喜医药。郑州固无良医，我意汉口必有可靠西医，医院设备亦必较为完善。我已托分馆代为探访，遂行告汝。汝有熟人，亦可速为探听。由郑赴汉，路程亦便，汝可请假一二日前往就诊，先用电光照验腹部。汝身体并不强健，切切不可耽误，致贻后悔。我年已老，我所期望于汝者甚远。汝宜有以安我之心。得信后即速复我。盼切盼切。

叔字　（二十四年）九月三十晨

1　许静山（1843—1916），名珏，晚号复庵，江苏无锡人。著有《复庵遗集》24卷。
2　许溯伊（1878—？），名同莘，江苏无锡人。其撰著《公牍学史》为中国文书学历史与理论的专著，1947年由商务印书馆出版。

七十八

源侄如见：前月廿四日侄妇来言汝到西安欲托商务印书馆招呼，当即飞寄一函与该馆经理武君[1]，并附致汝一信托其探交。乃接汝十一月五日来信，谓视察全路已毕回郑，并未提及前信而武君亦无回信，不知何以相左？岂汝到西安时抑无暇赴该馆乎？少奶奶于十三日由沪乘早车回郑。十四日晚接汝飞机快信，属止其行，已来不及。汝姑母云，看其情形，确系怀孕，未知到郑已［以］后起居何如，甚以为念。汝来信腹疾业已全愈，我终不放心，已告少奶奶劝汝一有机会即请假来沪，或去汉口用电光摄照，用根本治疗。汝务必听我之言，勿贻后悔。我身体甚好，惟目力甚差。近来将近年底，出书期迫，忙冗至不可言，今年恐不能再写信与汝矣[2]。上海大恐慌，谣言甚多，西区甚安，可勿念。

少奶奶同阅。

叔字 （二十四年）十一月十六日

七十九

源侄如见，少奶奶同阅：十二月廿四日及本年一月四日两次信均收到。曾次长[3]托李拔翁索汝履历，等不到，我已先约略写去，并亲致一函切托。今将原信稿及复信附去，阅过寄还。能否移调，调后能否不致较现在地位为差，均不可知。何以汝在美国研究多年，归国以后又入铁路办事将届三年，无论技正，何以工程司亦不可得？此其中究有何种原因？短处何在？极应速自设法补救。汝近来身体如何？胃病不复发否？望少奶奶每月至少一次将汝之体气及饮食起居致函与我，俾释远念。少奶奶孕象如何？来信何以绝不提及？甚以为念。半个月前有李剑秋女士来见，云与汝相熟，广东人，自称为黎照寰[4]之甥女，自幼到北京，操京语甚好，在北京交大毕业，嫁一绥远人。其姓李，不知为夫姓抑父姓，云在汉口与汝同事，又同调陇海，汝续娶回郑请酒，伊似曾到场。少奶奶已有身孕，伊亦知悉。谈次因有夫妹在此抱病，须送回北平，旅费不足，乞借十五元。我因为数不多，察其言动不似假托，故即借与，不知果有其人否？我目疾渐好，可勿念。今年校书更忙，《廿

---

1 应为时任商务印书馆西安分馆经理武兰谷。

2 1935年年底，张元济忙于《四部丛刊三编》第二期、《百衲本二十四史》第五期、《续古逸丛书》、《丛书集成初编》等的出书任务。

3 应为时任铁道部次长的曾镕浦。

4 黎照寰（1898—1968），字曜生，广东南海人。著名教育家。

四史》拟尽今年了结也[1]。余不多述。

叔字　廿五年元月十日

八十

源侄如见：得昨日来信，已阅悉。致潘君[2]信稿亦改好寄还，自可称弟，年纪相等不必过于谦，过谦反被人看轻也。侄孙八字欠水、木，吾侄取用"淞"字，较为响亮。但澄清之子我曾为取此字用作乳名，房分尚近，单用重复，似有不宜。如即用作大名呼为"庆淞"，稍觉妥当。至"沐"字声既近哑，"淋"字意义不佳，均不可用。其实此等毫无道理之事，汝乃相信，未免堕于迷途矣。汝弟于前月廿九日晚饭后上船，计期现已可到山矣。我甚好，可勿念。饮食起居格外谨慎为属。

叔字　（二十五年）八月二日

八十一

源侄如见：昨得十九日来信，阅悉。我近来身体甚好，汝姑出院后伤势日减，身体亦好。院医来家复诊两次，云再过一星期后可解去束缚，至完全复元恐尚须一月也。外交危亟，我料终必退让，目前不致遽有战事。万一变生意外，我处重心在此，非至必不得已之时，亦难轻离。我自能审酌处理，汝可勿念。汝牙疾已请医诊治否？此不可耽延。人生疾病发于齿者甚多，切勿大意。何日赴郑，先期来信告我。潘、杨、曾[3]诸君处必须周旋致谢为要。

叔字　（二十五年）十月廿一日

1　《百衲本二十四史》原定1936年年底出齐，后延期至1937年3月。据1937年3月21日《申报》刊登商务印书馆启事："敝馆影印百衲正史，已出十八种，尚余上列六种（按：《史记》《旧唐书》《新唐书》《旧五代史》《宋史》《明史》），原定二十五年底出齐。祗以《宋史》元板不全，须配成化刊本，蒐访需时，因展期三月，曾于去岁年底登报公布。兹将届期，全书印竣出版……"。

2　应指潘光迥（1904—1997），上海宝山人。著名学者、社会公益家。1930年王云五聘其为商务印书馆总经理室总务处秘书。

3　据前后致张树源信，应为潘光迥、杨翼之、曾镕浦。

139

八十二

源侄如见：昨得廿六日来信，阅悉。我拟于旧历九月廿五六日赴杭州，避去生日烦扰。汝云拟十一月九日请假来沪，彼时我恐已动身，不及见面[1]。补牙最好提前请假，能否提早一二日，望复我。外致潘君信，阅过面递。杨君翼之[2]处汝亦须去辞行道谢。庆孙种痘已发，甚顺，可勿念。

叔字 （二十五年）十月廿九日

张元济、李拔可（左）、陈叔通（右）
于杭州六和塔前的合影。

八十三

源侄如见：昨接来信，知已安抵郑州。修牙事已否完妥？甚念。前日潘光迥来，我已将汝在美专习铁路桥梁工程，归国以来自入路界，竟不能置身工务，甚为自憾等语告之，请其随时设法提挈。渠谓吾侄如对于路工有可以见到之处，尽可直上条陈于部长。除应办公事外，凡事不必专做被动的，有可以自动的，不必以标榜为嫌，云云。望汝斟酌之。我生日汝送我百元，少奶奶又送礼券，殊太费。我已交还少奶奶矣。我归后甚忙，身体尚好。汝姑母臂伤日见进步。晤钱局长后相待如何？望告我为要。

叔字 （二十五年）十一月十九日

---

1 1936年逢七十正寿，张元济偕同李拔可、陈叔通去杭州避寿，并随身携带《宋史》等校样一批，于11月10日赴杭，13日返沪。

2 杨翼之（1878—1950），名廷栋，江苏吴县人。曾被派往南洋公学译书院译书。

八十四

源侄如见：本月十九日寄去快信，想先到。律师已经请定。今日少奶奶偕汝弟前往接洽，汝弟云该律师素办此事，素有经验，据云颇有把握，且由熟人介绍，亦可放心。路局因军事关系，事必冗忙，我正愁新年汝不得抽身。今蒋公已经脱险[1]，战事必可停止，假期必可如常，何时可以到沪，望先来信通知，以便派人到站接汝。此事办妥，汝夫妇感情可以恢复，我亦可了却一重心事。见面在即，不多述。

叔字　（二十五年）十二月廿六日

蔡年伯病渐愈，已无妨碍[2]。汝应来一交际以示关切。其寓址为愚园路八八四号。

庆孙伤风早愈，甚健，从不哭，我极喜之。

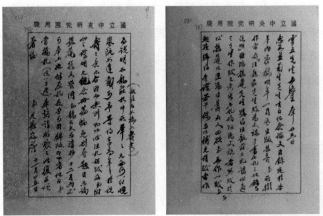

1936年11月25日，蔡元培为张元济七十生日纪念论文集事致王云五书信。

八十五

源侄如见：连日得汝本月十二日寄汝弟信一纸，另两纸（只有二、三）前后均缺，又十四日、十五日寄我信均收到。传孙于十日在山夭逝，我悲痛之至。汝弟于

1　1936年12月12日，张学良和杨虎城为了达到劝谏蒋介石改变“攘外必先安内”的既定国策，停止内战、一致抗日的目的，在西安发动“兵谏”，即历史上的“西安事变”。12月25日，在中共中央和周恩来的主导下，以蒋介石接受“停止内战，联共抗日”的主张而和平解决。

2　1936年11月28日起，蔡元培大病，几度濒危。12月初，张元济闻讯探望，力排众议，改请西医专家悉心诊治，方得以逐渐脱离险境。

十一日乘飞机上山,到山后已来过一信,以后竟未得信,悬念之至。汝十四日信言卢沟桥事恐影响郑州,如有问题时拟令侄媳挈庆官南旋暂避。我意此时尚早,说不到此。汝姑母闻传孙凶信后,次日即来沪看我,当日即发热腹泻,幸两日即愈。我身体尚好,眠食均如常,可勿念我。祥保亲事俟汝弟回来再说。余不多述,一切谨慎自爱。

少奶奶同(阅)庆官照片收,比去年瘦些。何耶?

叔字 (二十六年)七月十九日

八十六

源侄
少奶奶 同阅:昨日先后接廿一日、廿二日来信,已悉。日本汹汹之势,看甚凶恶。我料战事尚不甚亟,此时家眷遽尔南行,未免近于张皇。我意非万不得已时,不宜轻动。上海现尚安靖,倘万一北方竟有战事,则程度亦甚难预料也。庆孙到郑消化不良,食物务宜注意。现在已否断乳?如尚未断过,此夏令交秋可以停止。汝弟山寓门牌系中路118A。英美烟公司股息此次收到百五十元,已收入汝名下生活储蓄折内。汝姑于前日回盐,我身体甚好,汝弟在山亦好,可勿念。

叔字 (二十六年)七月二十五日

上海市历史博物馆藏《中华民族的人格》书前题辞。1937年5月,张元济编《中华民族的人格》初版印行,一时洛阳纸贵。释文:国民丧失人格,国必灭亡。日寇禁毁此书,无非欲灭亡我国也。今我国免于灭亡,其犹赖有此人格乎。张元济识。民国三十四年九月,日寇乞降后二日。

八十七

源侄如见：昨日得廿八日信，知汝将随局移至西安，侄妇即晚南来，预计今晨可到。派人往接，恰好相逢，母子一路平安，仍寓膳厅，一切汝可勿念。西安分馆介绍信已取到，我亦附去一笺，一面递可也。平津均入敌手，危亡在即，后患不堪设想。汝辈后半生不知如何过活，思之耸然。我身体甚好，可勿念。一切格外谨慎，至嘱至嘱。

叔字 （二十六年）七月卅一日

八十八

源侄如见：昨得十月三十日来信，已阅悉。国军战败，敌军进迫，梵王渡[1]枪炮之声甚闹，然尚无流弹。此间虽系越界筑路，然仍为英军防守之区。寓中想可无恙。我不拟迁避，身体甚好，汝弟仍照常到行，媳妇与女孙尚在庐山欲归不得，亦无可如何也。圣马利亚女校在大陆商场授课，祥保每日往返。勤儿将随逵方至武昌，在彼处办公，尚未成行。少奶奶在母家安好，庆官时有小恙，就沈汝兼诊治即痊，可勿念。时事如此，我不知能否再见汝面，惟望汝廉慎从公，立志为人，勿自隳溺，言不尽意。

叔字 （二十六年）十一月七日

八十九

源侄如见：久未得信，想乱离时世，邮程阻隔，事无足怪。上海陷落以后与外界消息甚为隔绝，郑州如何情形完全不知。汝近状如何？以后寄我信可寄汉口分馆（中山路）许季芸[2]，转香港再寄上海。但粤汉路再一断绝，则彼此竟无法通信矣。我身体尚好。汝弟妇已由庐转汉口，飞香港搭船返沪[3]。汝妇及庆孙仍住许宅。汝母已返居母家，来信要钱，我拟在汝存项下拨一百元，但无法汇去。盐城老宅未毁，冯姑母逃在沈荡乡间，十日前有信来，俱无恙。汝弟照常办事。一切自爱，不多述。

叔字 （二十六年）十二月二十三日

---

1 即当时沪西一带，今上海万航渡路，在当时名梵王渡路。

2 张元济夫人许子宜的侄子，时任商务印书馆汉口分馆副经理。

3 因日军占领上海、南京，长江该段航路中断，11月17日，葛昌琳偕张珑离开庐山，20日抵达汉口，28日自汉口飞抵香港，得到两地商务印书馆照料，30日乘太古船返沪，12月6日方到达。

九十

源侄如见：前得去年十一月三十日信，属小英复，近又叠接本年一月十五日、廿一日两次航空信，均悉。潘光迥不久之前在香港有人曾见之，但不知已否离港。顷发一电，托王君云五转交，如已他往，王君亦必能照转也。电文录后，能否有效，不敢必也。汝母向复少奶奶借十元，已还清；又为汝托人划汇百元，但不知能否达到，尚无回信。汝姑六月余无信。沪西虽经日人接收，警权然尚无扰乱。我身子尚好。庆孙出痧子，甚危险，现已痊愈，然同居者汝一内侄已殇去矣。寓中无恙，可勿念。

叔字 （二十七年）二月一日

九十一

源侄如见：前得三月十四日航空信，因甫于三月九日寄出一信，故未即复。前月廿四日得同月十四日所发航空信，知前信已到，即将物件运往西安，至汝信中所述不愿西行，恐将来回南更难云云，所虑我亦同此意。以我之意见，如遇有郑州危急，不能存身之时，不必转向西安，致将来路断无法转回上海，可即辞职，以母在内地为辞，即日回至汉口，转香港回上海，沿途费用万一不足，可向汉口分馆移借，我已托王云五先生函达该馆。兹再备致高、许二君恁信一件，望收存备用。汝欲我致信何竞武君[1]，兹附去，一并收入。祥保姻事，数月以来翁世兄于星期放假日常来我家，与祥保面谈，有时我亦留伊晚饭。察其人品行纯正，不失旧家规矩。汝弟曾与晤谈，亦以为其人不错。今夏交通大学毕业后即往美国留学。渠曾向祥保露求婚之意，料不久必托媒人来说，祥保亦无拒绝之意。伊赴美留学，恐须有两三年之久。我与汝弟之意，最好定婚之后即行结婚，或同赴外洋留学，如或不能，则留祥保侍其姑，于礼亦宜。如媒人来说，我意可以即行应允，想汝意亦以为然。[2]海盐有游击队不少，地方甚为纷乱。汝母托人带口信，属寄钱。如有妥便，拟再代汝寄一百元去。冯姑仍未来沪，我甚不放心。然路途难行，音信罕达，不知暮年手足有无再见面之时，为之心酸。我身体甚好，惟目力日逊。汝弟近患神经衰弱，现正打药针，我甚忧之。新华存款事由汝弟详复。

叔字 二十七年五月三日

---

1 何竞武（1894—1961），名埜，浙江诸暨县人。

2 1938年，经夏敬观之子夏承诗和张树年介绍，张祥保与翁兴庆订婚，瞿启甲为证婚人。但当时二人并未成婚，翁兴庆赴美后解除了婚约。翁兴庆（1918—　　），字万戈，翁同龢五世孙。社会活动家。20世纪40年代开始致力于向西方介绍中国文化。

九十二

源侄如见：前月三十日寄去航空快信一件，属汝速赴汉口转飞香港回沪，不知能达到否？前日得汝五月卅一日来信，知尚拟赴长安，再行回南，且云不能自决，取决于我。我为汝打算应以回沪为宜，牯岭日后路亦不通，可不必往。前已托商务代备飞港转沪盘费，并附去致汉馆高、许二君之信，汝亦已收到，何以竟迟迟不决？此时恐已无及。郑州不保，平汉南段路线已断，闻长安至成都有公路，但恐甚难行，姑托公司备信与西安、成都两分馆，一并附去，以备缓急之用。遂方在重庆，汝如绕道至彼，可往都邮街重庆分馆引往，有事可托伊照办。重庆分馆我不及备信，即由遂方介绍至馆，托其照料可也。海盐毁去半城，汝母及冯姑尚安，以后不可知之。速回速回，勿再误。

叔字 （二十七年）六月十一日

祥保亲事翁氏托媒人正式来说，我拟允许。但不愿即行结婚，同出洋之说更不能行。汝母前及刘宅，我均已去信。

致刘冠昭[1]

一

少奶奶收览：今晨得二十六日来信，知途中安稳，甚慰。今日为祥宝种痘期内，望格外谨慎。小衣宜用白布，有色者不宜。前闻西医云，染料有毒，皮肤绽裂，接触恐致他病也。树源昨日来信云，到后一日遇雨，出外测量，衣帽俱湿，想亦有信详述一切矣。寓中均好，可以勿念。堂上为我请安[2]。

菊生手泐 （1918年）三月廿七日

注　第一、二信未署年份，由作者侄孙女张祥保考定。

张树源婚礼合影（左一为张树敏，左四为张树源，左五为刘冠昭）。

---

1 刘冠昭（1893—1919），字石苏，江苏无锡人。张树源原配夫人，张祥保生母，张元济侄媳。1916年与张树源结婚，三年后卒于上海。著有《石苏诗词钞》，张元济曾选其诗11首入《海盐张氏涉园丛刻》续编之五《张氏艺文》，是该丛刊诗文中唯一入选的女性。

2 刘冠昭的父亲刘书勋（1871—1945）时任无锡县图书馆主任，在任期间参与编制、修订《无锡县立图书馆藏书目录》，编制《无锡县立图书馆汇刊》《无锡县立图书馆乡贤书目》等，刊印地方文献多种。

二

少奶奶收阅：两得来书，均悉。阿祥种痘顷已结痂，体热亦退，闻之甚喜。只要发出，不必其过甚也。忌食可以不拘，但总以滋润之物为宜，以其有益於乳耳。阳历十三日准遣车到车站接候。寓中均好，可勿念。为我代问堂上双安。

菊生手泐 （1918年）四月七日

张元济故居图 秋枫原作 观根清绘

海盐张氏祖宅手绘图。

致许廷芬[1]

源少奶奶收阅：久不得汝信，甚为悬念。时时从祥保处探问近状，复言少奶奶近患高血压，我闻之甚为悬悬。宜多吃素，切忌烟酒，且必须每日通便，是为至要。祥保又言庆孙读书甚好，闻之甚慰，但言之不详。究竟现在中学几年级？学业如何？即要庆孙复我一信。海盐故居现租县立中学，每年租米十二石，为数甚微。托人代收，收到即被人用去，且新章地价税极重，以后无法担任。我意决定捐与该中学校。去年与少奶奶商量，亦赞成。我病卧在床，无法办理，且需寻出从前买地旧契，遍寻不见。现在难再耽延。我已写成捐赠证文一纸，寄与少奶奶一看，望于纸末签名盖章，庆孙亦须签名盖章。[2]办妥后用快信挂号寄还。我寓淮海中路一二八五弄廿四号。信封勿用薄纸，最好信内用油纸。近日梅雨即至，防证书受湿，至于损破，是为至要。我病如常，无甚变动，眠食均好，但左手足不能自由运动，举动需人，甚以为苦。自汝弟以下均各无恙，可勿念。青岛住址望详细开来，以便通信。即问近好。令兄均此问候。

一九五一年六月十七日

---

1 许廷芬（1906—1951），江苏赣榆人。张树源继配夫人，张庆生母，张元济侄媳。其父许鼎霖与张元济相熟。

2 据张祥保《生活在叔祖张元济先生身边的日子里》，许廷芬在张树源去世后不久即病故。但因为当时张元济卧病在床，家人为避免对他的精神打击，并未将此事告诉他。张祥保借口说叔祖签名代表家人已经够了，但张元济最后还是让张庆签了名。

致张家昌[1]

一

家昌贤侄如晤，得六月一日来信，属于商务印书馆复业后代觅棲枝等情已悉。现在公司复业无期，即能复业，用人亦甚少。公司遭此大难，从前用人瞻徇情面之弊必须痛行扫除。[2]鄙与贤侄族谊攸关，虽曰因公，究属私情，以是不克代为说项，尚望原宥，早自图谋，幸勿株守。手复。即问近佳。

菊生手渤 （1932年）六月二日

四叔前为我问候。

注 原信未署年份。商务印书馆总厂1932年1月29日被日本侵略军炸毁，同年8月1日复业。

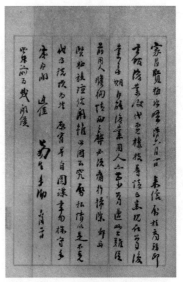

1932年6月2日，张元济致张家昌书信。

---

1 张家昌（1900—1982），张启元长子，张元济族侄。曾任商务印书馆庶务科长、印刷厂总务科长。著有《机件手册》（上、下册），1951年由商务印书馆出版。

2 "一·二八"事变后，商务董事会组成特别委员会，设立善后办事处，主要从停业、暂时解雇员工和处理账款几方面着手善后。直到8月1日商务方宣布复业，王云五重新担任总经理，重组商务内部机构，并进行了人事改革；同时，取消了商务在上海的印刷业务，代之以一些设在租界内的或者分散的小印刷厂。

二

启者，令四叔闻明日来沪。我处请帮忙。业经约定，到日即请至大东旅社下榻。附去小柬，并望转交。此致家昌贤侄台鉴。

元济顿首　二十二年十一月八日

三

前日得喜柬，十月十九日家端结婚。未知为某房子侄？乞以电话见告，当托人送礼。家昌吾侄清览。

元济顿首　二十六年十月十六日

四

近日清理旧欠笔墨债，检得亡友谈麟祥[1]世兄属书便面一叶，此时已无从报命，祇可将原件交还其文郎收存。闻与吾侄同居一宅，今送上，请转交为幸。家昌贤侄清览。

元济顿首　三十二年二月二十六日

五

启者：敝处自来水龙头近多泄漏，乞代约公司熟悉工匠前来修理，并带衬垫橡皮及水厕所装水箱内之橡皮球，以备镶配。费神之至。[2]又公司汽车拟于今日或明日不拘何时借用数小时。朱经农[3]先生赴南京，想有空也。此致家昌吾侄清览。

菊生手泐　三十五年十一月九日

---

1 谈麟祥（1887—1939），字文灯，别署梦石，浙江海盐人。编著有《海盐诗话》《武原先哲遗著初编》《海盐先哲遗著存目初稿》《八法丛谈》《桂影轩丛刊》《梦庵寻梦录》《梦石未定稿》等书。

2 因张家昌负责商务印刷厂庶务工作，所以张元济凡家中水电，木工等修理事，都请他联系。以下多件信札都是这方面的内容。

3 朱经农（1887—1951），原名有野，字经农，江苏宝山（今属上海）人。教育家、诗人、出版家。1923年入上海商务印书馆，编辑新学制教科书。1946年任商务印书馆总经理兼光华大学校长。译有《明日之学校》，著有《现代教育思潮》《教育思想》《爱山庐诗钞》，编有《教育大辞书》等。

六

前日托约修理自来水工匠，已来修好，但水箱仍有时漏泄，却不过甚。先请告知目前不必再修，如太漏，再通知。请属开帐。又公司汽车昨日下午已来，今日下午五时仍须借用，乞谕知为托。此致家昌贤侄清览。

元济顿首　三十五年十一月十一日

七

昨信诵悉。自来水修后厕上水箱仍有时稍漏，三楼上面盆热水管不通，应请嘱该工匠再来一修（不必来两人，请告知）。前日修费壹万元，今送去（原发票附上，请属签收），请转交，为荷。家昌贤侄。

菊生手泐　三十五年十一月十四日

八

卧病数日，今已起床。齿疾仍不见瘳，还须往访牙医。闻经农先生尚未来沪。下午五钟拟借公司汽车一用，乞陈明当局，如无不便，属令届时来寓，为荷。此致家昌贤侄青览。

元济顿首　三十五年十一月二十六日

李伯嘉[1]先生何日去南京，乞问明见覆。

九

今日午后拟往访牙医，乞代陈当局，公司汽车如有空，嘱于下午三四点钟来寓。此问家昌贤侄安好。

菊生手泐　三十五年十二月六日

---

1 即李泽彰，早年就读于北京大学经济系，1919年11月即在《国民》杂志第二卷第一号发表了节译本《马克思和恩格斯共产党宣言》，是《共产党宣言》的最早翻译者之一。后经胡适介绍，入商务印书馆任法制经济部编辑，至主管经理。抗战期间曾率部迁港，任香港分馆经理，筹划出版有《新学制复兴教科书》。

十

今日下午拟往吊故人之丧，乞代借公司汽车，于下午一时半来寓一用。此致家昌吾侄青览。

菊生手泐 三十五年十二月十九日

十一

敝寓电话损坏，乞代电该公司速即派人来修。费神之至。家昌贤侄清览。

菊生手泐 三十五年十二月二十三日

十二

今日午后三四点钟出门访友，拟借公司汽车一用。乞代陈明当局，为幸。如天雨，则改于明日。此致家昌贤侄青览。

菊生手泐 三十五年十二月二十五日

十三

明日星期，舍亲处有喜事，拟向朱经农先生处借汽车一用。下午一时半起，五时止。不知有暇否？如无暇，我可另借，请朱先生不必客气。今日午后问明见覆。此问家昌吾侄安好。

元济顿首 三十六年一月四日

十四

家昌贤侄如见：昨与朱、李二经理商定，今日派公司汽车到梵王渡车站[1]接马寅初[2]先生。接得后，即到李拔翁及我处。请转告车夫，万一火车误点，其车应在

---

1 即原沪杭铁路上海西站，位于今上海中山公园西，现已拆除。

2 马寅初（1882—1982），字元善，浙江嵊州人。经济学家、教育学家、人口学家，有当代"中国人口学第一人"之誉。著有《通货新论》《战时经济论文集》《我的经济理论哲学思想和政治立场》《中国国外汇兑》《中国银行论》《中国关税问题》《资本主义发展史》《中国经济改造》《经济学概论》《新人口论（重版）》《马寅初经济论文集》（上、下）等。1949年前的著作基本由商务印书馆出版。

站等候，即电告李拔翁（电话七一一六七）并我处（电话七一五七四）。我等当另雇车到会为幸。

元济手泐　三十六年十月二十六日

十五

启者，敝寓现拟补电灯，乞转约公司熟识水电厂派一妥当工友来，并带花线数丈，电灯头两个（其余灯罩、灯泡均已自有），能于一二日来装最好。专此奉托。家昌贤侄清览。

菊生手泐　（1949年前）十月十五日

又，墙上扑落盖板坏去一块。附去样子，并嘱照配一块，带来补好。

注　原信不署书写年份。据字迹，当在1949年患中风之前。

十六

今日又须赴逸园开会。[1]请属汽车于午后十二时半来寓，并请陈明陈夙之[2]先生为要。此问家昌贤侄安好。

元济手启　三十八年十二月九日

又请问谢仁冰[3]先生，本日是否先开主席团会议？

十七

昨函□雇工代装电话［铃］。顷小媳言，可以无需。乞即阻止，费神之至。此问家昌吾侄安吉。

元济顿首　（1950年）十一月十五日

1　逸园后改名文化广场。此次张元济将出席上海市第二届各界人民代表会议。

2　陈懋解（1887—?），字夙之，福建闽侯人。陈宝瑨四子，陈宝琛侄子。1948年11月，朱经农因出任我国参加联合国教科文组织会议首席代表而辞去商务印书馆总经理职，后经董事会推选任总经理。

3　谢仁冰（1883—1953），江苏武进人。中国民主促进会创始人之一。1948年1月，由陈叔通介绍入商务印书馆工作，先后任商务印书馆协理、编辑、襄理、经理兼代编审部部长、总管理处经理等。

注 第十七、十八、十九，三信内容连贯，信中有旅沪族人会议讨论祠产事，应为1950年土地改革时期。

十八

昨上一函，乞阻止装电铃匠人不必来寓。汝该匠业已出门，半途折回，应请代酬付与车资，示复。幼仪叔言，须公集旅沪族人会议，讨论祠产事，亟须预备。季安弟近寓何处？乞标明示知。能否招之来寓？专此。即问家昌吾侄安好。

元济顿首 （1950年）十一月十六日

1950年11月24日，张元济
致张家昌书信。

十九

昨晚年光告知，旅沪族人明日午后仍决定在我处开会，示知三位尊长能到。公务望吾侄代为请到，并望早临。再亦麟侄自贵阳来沪，亦望去信通知，属其参加。此问家昌贤侄安好。

元济手泐 （1950年）十一月二十四日

二十

来信诵悉。电钟准装。惟矮桌暂缓，容再商酌。此复家昌贤侄清览。

元济顿首 （1951年）一月十八日

注 原信未署年份。作者1949年底中风住院，1950年5月返寓休养。1951年初精神渐见恢复，考虑在床对面装一电钟，又欲将床上所用矮桌升高，便于书写。

二十一

启者，我处有收音机，并无短波，已用了四五年，现在声音不甚正确，常常有"括括"的声响。吾侄有无熟识之人？应否先送上，托其察看，并估计修理之费？即请见复。家昌贤侄清览。

元济顿首 （1951年）六月五日

注 第二十一、二十二、二十三，三信均未署年份，而内容连贯。信中所言收音机，系1946年10月作者八十寿辰女儿树敏所赠，"已用了四五年"，可推出此三信写于1951年。

二十二

昨来信拟约熟识电器行派人来取收音机去察看损坏情形，甚感。惟来（者）恐不相识，请给一信为凭。此致家昌贤侄收览。

元济 （1951年）六月七日

二十三

启者，敝处收音机本月七日有电工持手笺取去，属令将修理工价告知尊处转示，不知已报告吾侄否？据云修费不大，约一星期可以修好。病榻无聊，甚须使用，故以奉询。此问家昌贤侄安吉。

元济 （1951年）六月十二日

张元济使用过的床榻、桌案、椅凳、箱柜、电扇、台灯等物品。张元济1949年年底患中风，经医治，健康状况稍有稳寂，但留下左肢瘫痪的后遗症，无法起床活动。在病榻上，张元济利用图中的自制折叠小桌案，坚持读书、看报、写文章。1950年代所有诗作、文稿和书信都在这张小桌案上完成。

二十四

我政府与西藏协定似在两三月之前[1]。上海各报均载有全文。请托剪阅报纸者查以见示，费神之至。此问家昌贤侄安好。

元济 （1951年）八月十日

注 原信未署年份。西藏和平解放协定于1951年5月签订。

1951年8月17日，张家昌复张元济书信。张元济在信上直接批注："并非此事。记得尚在以前，同时并载明同行诸人之姓名。乞再查。来报附缴。元济。"

---

1 1951年5月23日，中央人民政府和西藏地方政府在北京签订《关于和平解放西藏办法的协议》，西藏实现和平解放。

二十五

西藏解放后不久，政府即遣派考察团，中有专门学者多人赴藏考察地理、语言等。前见《大公报》载有此事，请托同人代查，查出之后乞将该报交下一阅。费神之至。此问家昌贤侄安好。

元济顿首　（1951年）八月十七日

注　第二十五、二十六，两信内容连贯，均无年份。张家昌1951年8月17日、20日来信与此两信内容衔接，可据以确定年份。

二十六

前日来信诵悉。托查去藏考察团事既查不着，即作罢。兹托向刻字店代刻名印一方，用木刻，约英尺半寸见方（英尺八分为一寸）。此为我亡侄树源之子，将用以印人捐送虎尾浜房屋之文件上也。费神之至。此问家昌吾侄安好。费乞代付。

元济手上　（1951年）八月二十日

二十七

迳启者，南侨叔[1]已故，有一子是否？是何名字？现在何处营生？乞探明见复。我有洋伞一把，今□去，要漫布，中有一骨已断，被修工补得稍长，要改齐。向何处可办？需费若干？乞探问告知，再决定。不必急急，有便再问可也。家昌贤侄收览。

菊生手泐　（1951年）九月十八日

注　第二十七至第三十三信均未署年份，而内容连贯。第二十八信中"去年托购电钟"事，见第二十信及注，"去年"可能指阴历去年，推定此信写于1951年。

1　即张端方（1904—？），号南侨。张嘉骧长子，张元济族伯叔。

二十八

昨信悉。修□洋伞太费钱，拟作罢，乞交还为幸。去年托购电钟，近来常常发出小声响，殊为碍耳。祈便中问全明电料行可否修理？有便时派人来寓。此问家昌贤侄安好。

元济 （1951年）九月二十一日

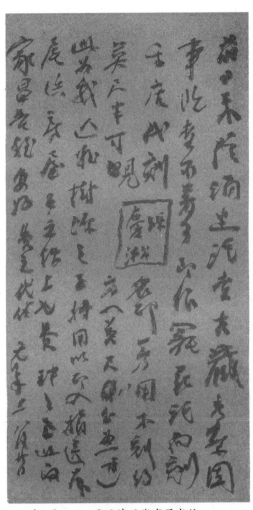

1951年8月20日，张元济致张家昌书信。

二十九

昨全明工友已来将电钟看过。据云须交原厂修理，不便拆观。此钟前托吾侄代购，背面粘有一纸，如不拆动，可以免费修理。今送去，仍烦备信送去，告知声响不断，并属速修。修好后仍代约全明工友来装。此问家昌吾侄安好。

元济　（1951年）九月二十二日

三十

前日来信悉。破洋伞一柄收到。电钟知已托全明转交原厂修理，甚感。该钟时刻稍见迟慢，乞再电属该厂较对正确，再由全明来寓装好。费神之至。此问家昌贤侄安好。

元济顿首　（1951年）九月二十四日

三十一

电钟修理已历四日，请代催速修。每日均不知时，甚不便也。此问家昌贤侄安好。

元济　（1951年）九月二十八日

三十二

兹有世交蔡仁抱[1]为其子结婚送来喜帖，拟送花篮，约价两万元之谱。人民币二万元[2]附上，不足再补。请代定好，十月二日午后二时送至国际饭店十四楼蔡宅礼堂。附去送礼单帐，送花篮时同时送去。费神之至。家昌贤侄台阅。

元济拜托　（1951年）九月二十九日

三十三

来信及蔡宅谢帖、□□均收到。电钟亦已于昨日由全明工友来寓装好，给

---

1 蔡仁抱（1899—1976），曾用名蔡德弘、蔡纶、蔡岳，浙江吴兴人。
2 旧人民币，一万元合新人民币一元。

予往来车赀一万元。费神之至。蔡宅□力请即给与汪君志清[1]为幸。此复家昌贤侄台阅。

元济顿首 （1951年）十月四日

三十四

昨来信并赠我新著《机件手册》二本。吾侄擅长此技，我以前竟未知悉。此时在工业上极为有用。此书出，可为工业上一大帮助也。谢谢。此复家昌贤侄清览。

元济顿首 （1951年）十月六日

注 原信未署年份。张家昌编著《机件手册》第一、二册1951年8月商务印书馆初版。

三十五

来信已悉。代配镜框改用金色边架。木价是否连玻璃在内？复问家昌贤侄安好。

元济 （1951年）十月三十一日

注 第三十五、三十六，两信写于1951年。是年十月张元济为其子树年夫妇银婚纪念赋七律一首，并亲笔缮写，配置镜框悬挂。

附录：英儿夫妇银婚纪念（1951年11月4日）

一九五一年十一月四日，农历十月初六日英儿夫妇银婚纪念。

廿五年前鸾凤鸣，今朝银彩耀华堂。

佳儿佳妇承欢惯，老去鲽鱼乐未央。

祝尔百龄到偕老，金婚而后又金刚。

重谐花烛逢周甲，国俗还当更举觞。

菊生手书，年八十五

---

1 1926年，张元济从商务印书馆监理岗位退休，即被选为董事会主席。此后主要在家从事古籍校勘。商务特派一名通信员，每天将公司文件、信件送至张宅。在极司菲而路老宅期间，通信员为杨福生；1939年迁居霞飞路（今淮海中路）后，通信员为汪志清。直到1954年商务总管理处迁往北京，通信员工作停止。

三十六

昨来信诵悉。代配镜框收到。价共三万八千四百元，今送去四万元，请查收，找下一千六百元为荷。费神之至。家昌贤侄青览。

元济顿首　（1951年）十一月一日

三十七

兹有托者，近日思吃梳打饼干，要最上等，乞吾侄向大店号代买一磅。价金垫付，示下照□。小儿因其妇在医院开方（刀），奔走无暇，故以奉托。此问家昌吾侄安好。

菊生手泐　（1951年）十一月二日

注　第三十七、三十八、三十九，三信内容相连，未署年份。儿媳葛昌琳于1951年住院手术。

三十八

前日托买梳打饼干，据志清说，吾侄交与二万元，余找之数亦已交来。当即交还志清，想荷收回。现拟做小长凳一张，另开尺寸单及图样，请交公司所用木匠照做，不必用好木料。工价示知照付。此问家昌贤侄安吉。

菊生手泐　（1951年）十一月五日

三十九

昨日木工友送来代做板凳，未免太好，木料亦极坚实。昨已付与一万元，忘记给与车力。今补去三千元，请补付该木工友为幸。此问家昌吾侄安好。

元济顿首　（1951年）十一月八日

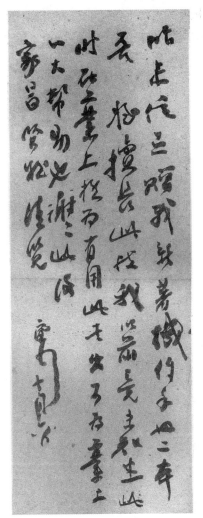

1951年10月6日，张元济致张家昌书信。

四十

我寓中须用白煤一吨，蒙雄兄转吾侄探问，有阳泉统白煤，每一吨实价七十四万元，即乞代定，并属选择石土较少者，即日迳送寓中。价如何付法，并示及。此致家昌吾侄收览。

元济手启 （约1951年）十一月二十一日

注 作者于1950年5月出院回寓休养后，家中新置燃煤火炉一具。第四十、四十一信字迹、用纸与1951年所写各信相类同，故系于1951年。

四十一

昨来信交小儿迳与吾侄电，订购煤办法，知已接洽，务祈即属该煤店于今日送下，是为至恳。家昌贤侄。

元济顿首　（约1951年11月）二十三日

四十二

迳启者，前数日交到同事吴君属书三尺格言纸幅。当时未曾展视。昨日预备下笔，展开一看，乃有粉线分为四行，需写字太大，不甚合宜，且在左右并无余地，亦欠雅观。纸背亦无同人属书标志。惟在多数纸件之中，恐有误认。兹特送还，乞交吴君一看。如所交并非此纸，即将尺寸开示，由我另备可也。此问家昌贤侄安好。

元济顿首　（1951年12月）二十二日

注　原信未署年月。此信书于1951年12月21日商务印书馆董事会会议通知背面，据以推定。

四十三

乞代购一九五二年壁挂日历一件，阴阳合历，阔约五六寸，不必过于精美。画幅最好山水或花卉，不要画仕女。日子字样大些更醒目。仅乞示知。家昌贤侄清览。

元济顿首　（1951年）十二月三十一日

注　第四十三、四十四信内容连贯，未署年份。据第四十三信内容即易推定年份。

四十四

前日来信诵悉。公司移赠日历，为我节约，费神多谢。外附贺柬三纸，乞分别转致。此颂家昌贤侄安吉。

元济　（1952年）元月二日

四十五

昨有谈天白君来访，并投信一纸，未曾接见。此人似系谈小琴[1]同年之侄明张之子。其为人何如？向操何业？乞代为一探。其来信附阅，阅过发还。此问家昌贤侄安好。

元济顿首 （1952年）一月十七日

注　第四十五、四十六、四十七，三信内容相贯，未署书写年份。第四十六信署1月19日，信中有"明日星期"一语。查1952年1月19日为星期六，据以确定年份。

四十六

前日来信诵悉。谈天白君其景况想甚艰苦。人品如何？亦祈探听。明日星期，有暇盼过我一谈。寓址木戳拟改制，另附样件及底稿，乞代问价告知。此问家昌贤侄安好。

元济 （1952年）一月十九日

附件

淮海中路一二八五弄

上方花园第二十四号

木刻或像（橡）皮印俱可，但取其价较廉者。

元济托

张元济使用过的寄信人地址木戳。1950年初，寓所所在路名变更后重新刻制。

---

1 即谈少琴。

四十七

前三日记代办新地址木戳一枚，不料用未一日，橡皮版片即已脱下。今送还，请交原店修好，并属注意，如再坏仍须送修。以前旧戳用已十年，毫未损动，并乞告知。此问家昌贤侄安好。

元济　（1952年）一月二十六日

四十八

昨得夏剑丞兄信，云教育部印有简体字表，欲借阅。原信呈阅。公司如曾购存，乞代借出交下，为荷。此问家昌贤侄安好。

元济顿首　（约1952年）四月二十四日

注　原信不署书写年份。国家文字改革委员会成立于1952年2月，此信很可能写于此后不久。

四十九

来信已悉。今送去手持看书机一具，乞收。因为只有一手可用，擎住显微镜，故拟做一机架，以便运用。其机要关键，全在机架与目光及身体远近高低之距离配合适宜。又机在架上，四面须有边阑，方免滑跌出外，又须顾到机之进退伸缩，并要灵便。统祈代为筹画。先绘图样，将距离及各种机□量配合度，再交木工照做，否则使用不能应手，未免辜负盛心。多多多多[1]费神，不安之至。此问家昌贤侄安好。

元济顿首　（约1952年）四月二十五日

注　第四十九信至第五十九信均不署书写年份。信中所述为请张家昌设计手持看书机（能将书本夹住，使书本与桌面形成一定角度，便于阅读的一个简单机械装置）的木质托盘和在置于病床上的矮桌下设计一副撑架，使矮桌略为升高，便于在矮桌上书写和进餐两事，内容前后呼应（见第五十六号信）。又显见书于第二十号信之后，而1951年6月各信均未提及上述二事，故推测应书于1952年。

---

1 原文如此。

五十

前日汪志清君来传言，前代做看书机架如须修改可送还，交工匠再做。应修改处不多，但非面谈不易了解。吾侄在馆散班之后天气晴朗，如有暇，望来我处一谈，不必急急。此问家昌贤侄安好。

元济手启 （约1952年5月）

注　原信无书写年、月、日。据内容，应在第四十九信之后。

五十一

看书镜架始未修，不必急急。请于今□傍晚请交汪志清君带下，□下礼［拜］再送上。备用。此问家昌贤侄安吉。

元济 （约1952年）五月十六日

五十二

昨信悉。镜架修改甚好，再用□尚觉有缺点。再送去，奉托修补。工价若干，乞询明见示缴上。即问家昌贤侄安好。

元济顿首 （约1952年）五月二十日

五十三

前日覆一函，想达览。看书镜机架已烦吾侄设计，甚为合用，何可再令破费。兹送去人民币叁万元，请转致承造工友为幸。家昌贤侄安好。

元济手上 （约1952年）五月二十三日

五十四

来信诵悉。该机架系我托做之物，万不能使吾侄破费。即造价甚微，亦应缴还。三万元仍送上，万勿再退。此复。家昌贤侄青览。

元济 （约1952年）五月二十九日

五十五

手书诵悉。所制木盘甚好，万无不付价之理。务祈转告承造工友，开示发票，企祷无似。复上家昌贤侄。

元济 （约1952年）五月三十一日

五十六

兹启者：天气渐热，床上矮桌觉不适用。昨招本馆一木工来，与商办法，不甚了解。吾侄前为我设计看书镜机，极为合用。今欲为无厌之求。如有闲暇，明日天晴，乞枉临一谈。此问家昌贤侄安。

元济手上 （约1952午）六月七日

五十七

昨日工友陈君将床桌镶架做好送来，甚为灵妙。今日已试用，看有无须加修改之处。应缴工价若干，乞转请照实开示。费神之至。即问家昌吾侄安好。

元济顿首 （约1952年）六月十一日

五十八

来笺诵悉。桌架已用三日，高度尚须酌改。乞转告工友陈君，如有暇，便中携带锯凿，来寓商定，即行修改。至酬给香烟钱，拟送若干，乞酌示为荷。耑此。问家昌贤侄安好。

元济 （约1952年）六月十三日

五十九

昨晚木工陈君已来。桌架截去寸许，较为合式。已给予人民币一万五千元，以酬其劳。费神，谢谢。此问家昌贤侄安好。

元济顿首 （约1952年）六月十五日

六十

兹有托者：敝处无线电收音机稍有损坏，灯有光而不发音。拟乞介绍一可靠之店代为修理，能给一信，属其派人来寓一看，至感。此问家昌吾侄安好。

弟[1]张元济顿首 （1953年）十月二十九日

注 第六十、六十一、六十二，三信内容连贯，第六十一信有"谈天白世兄……去年曾来过"语，据以确定年份。（参见第四十五信）

六十一

家昌吾侄如见：前日得手书，诵悉。介绍全明沈德耀君，已来过。收音机已检查过，云灯有坏者，可以修。即托伊携去，估计修工若干即电告吾侄，修否再通知。不知已电达尊处否？如修价甚昂，我尚须考虑也。费神之至。谈天白世兄昨日来访，并交出与某机关主管人信稿数纸，已潮皱不堪，我未展阅。去年曾来过，似有信托我谋事。此来想仍是此意。我卧病有年，有何能力可以帮助他人？谈君景况我所深知，然实有心无力。昨日未能延见，甚为抱歉。如吾侄晤及，乞代致意。至托。

元济顿首 （1953年）十一月一日

六十二

前日寄去一函，想达览。全明沈君如有覆音，盼电告。即问家昌吾侄安好。

元济手泐 （1953年）十一月七日

六十三

我处有无线电收音机一具，用了已有多八九年，现已不灵。电机一开，电灯有光，旋即熄□□，似必全坏。今送上，请代为一查。全明电器行能否修理？乞托估价，示下，再行决定。费神之至。此问家昌贤侄安好。

元济顿首 （1954年）五月十一日

---

1 笔误，原文如此。

注 书写年份据信封确定。信封上尚有："送呈张家昌先生。外手提皮包一个，内有无线电收音机一具。"

六十四

兹有托者：敝寓电钟已坏，亟需修理，烦吾侄代觅一可靠修理之店，派人前来修理。费神之至。即问家昌吾侄安好。

元济顿首 （1955年）三月九日

注 书写年份据信封确定。

六十五

来信诵悉。《宋史》首册破损，其书面各看页可用同色纸补配。费神，谢谢。即问家昌贤侄安好。

元济顿首 十二月五日

注 第六十五及以下各信均不署书写年份，今亦无从考定。从字迹看，均书于1949年患中风之后。

六十六

昨信诵悉。《宋史》各册收回。修补甚好。应给酬若干？乞代酌，示下即交。此问家昌贤侄安好。

元济手泐 十二月十九日

六十七

昨示诵悉。今送去人民币一万元，乞派人到与本公司有往（来）笔店买上等中楷宿羊毫两管。如不敷，只买一管亦可。费神之至。此问家昌贤侄安吉。

元济手泐 一月九日

六十八

近日季臣弟病情若何？望转询川如侄，告我。又旬日以内某日《大公报》载有中纺公司陈贤凡贪污案情，请检出，借我一阅。此问家昌吾侄安好。

元济 三月十七日

六十九

幼仪叔回盐后是否一切安好？何日来沪？请向充甫弟[1]一探消息，见告。又敝寓电灯昨夜出了毛病，灯光忽明勿暗，闪烁不定。当即将总门关断。请即向本公司熟识电器行，属其径派一上级技工前来检验有无危险，应否修理，并盼从速。费神之至。此问家昌贤侄安好。

元济顿首 四月二日

七十

本星期六、日休假，如有暇，乞惠临敝寓，有小事托办。此问家昌贤侄安好。

元济手上 六月九日

七十一

来书诵悉。所云助听器电线□断之处，已用锡焊上，又复脱落。吾侄既云与原理不合，现在且勿照焊。俟晤时再商。此问家昌贤侄安好。

元济手复 六月十五日

七十二

前以助听机、按摩器托交木匠代制匣子，其按摩器甚需用，望量准尺寸，将该器先发还。因医生属须常常使用也。费神之至。此问家昌贤侄安好。

元济顿首 六月二十二日

---

1 即张启泰（1916—？），字益寿，号充甫。张德铼长子，张元济族弟。

七十三

顷交到代制助听机、按摩器连木匣各一件。费神之至。共需若干？乞示。此复家昌贤侄收览。

元济　六月二十二日

七十四

来信诵悉。木匣两个甚为合式，然未免过于精致。给木工两万元，遵呈上，乞转交，并谢吾侄多多费心。此问家昌贤侄安好。

元济顿首　六月二十三日

七十五

敝处昨夜半夜以后电铃大响，疑系走电，恐有危险。望代约熟识电机商店派人来修好。最好即派人来。费神之至。此问家昌贤侄安好。

元济手上　七月十二日

七十六

数年以前购有桌上电扇（华通电气厂造），左右上下自能摇摆。现在开用，常有"轧轧"声响，或因久未擦油，抑或中有损坏。如全明能代修理，乞属其派一工友前来察看。最好带机油来，如无损坏，就近擦上，便可无事。费神之至。此问家昌贤侄安好。

元济手泐　七月二十六日

七十七

前日全明工友来寓，将电扇两件擦抹加油，费工一小时有半，用去油料亦不少。共需工料若干，请属开帐。敝处祗付去车资五千元，统祈□察。此问家昌贤侄安好。

元济顿首　七月二十八日

七十八

昨复信称全明派人来将电扇加油，不允开帐。已悉。全明老板沈姓是否号德耀？乞探明见告。此问家昌吾侄安好。

元济顿首 七月二十四日

七十九

今日电台广播，云有蒙古奶油香□运来上海，但未听得在何处出卖。欲吾侄代为探听见示。又山东黄芽菜（矮而白）、天津白菜（长而□，有绿叶）有无上市？亦乞代探。费神之至。此问家昌贤侄安好。

元济手启 十月八日

八十

今送去新写毛泽东词一幅。第一行"雪"字下笔时误作"雩"，已将误笔"丨"挖去，挖不干净，请代托熟识之签纸［店］，若九华堂、朵云轩，再为挖补。要没有痕迹。应给工价，乞问明照付。看过后可用，再请该店代裱。四面绫裱，先估价。几日可完成？候示再定。此问家昌贤侄安好。

元济顿首 十二月三日

八十一

来示诵悉。词幅"雪"字误笔只修"雪"字"丨"笔，请其注意。附上人民［币］四千元，乞向雄飞先生[1]处收取，余一千元附上，乞查收。字幅暂时不裱，俟看修补"雪"字"丨"误笔再定。费神之至。家昌吾侄清鉴。

元济 十二月四日

---

1 即张雄飞，曾任商务印书馆总管理处负责人。

毛主席長征詞　調寄清平樂

天高雲淡望斷南飛雁不到長城非好
漢屈指行程兩萬
六盤山上高峯紅
旗漫捲西風今日長纓在手何時縛住
蒼龍
一九五四年四月十七日張元濟書作滬北年八十八

毛主席沁園春詞

北國風光千里冰封萬里雪飄望長城內外惟餘
莽莽大河上下頓失滔滔山舞銀蛇原驅臘象欲
與天公試比高須晴日看紅粧素裹分外妖嬈江
山如此多嬌引無數英雄競折腰惜秦皇漢武略
輸文采唐宗宋祖稍遜風騷一代天驕成吉思汗
只識彎弓射大雕俱往矣數風流人物還看今朝
朧孫索書寫此以資誦詠
一九五四年三月元濟年六

张元济书毛主席《调寄清平乐·长征》词、《沁园春》词。

八十二

昨来信并剪报收到。属书伯庸君屏幅今送去，请察收。家昌吾侄台阅。

元济顿首 十二月二十七日

八十三

公司常有废纸出售。我处现有百余斤，拟请乘便代为卖去。此托。即问家昌吾侄安好。

元济手启 九月十日

八十四

昨示诵悉。售废纸事，集中于宝源路，敝处无人认识，乞代备一介绍信。共纸三袋，当托汪志清代为雇车送去。应交与何人，即乞于信面写明。将来议价之事，统烦代办，即由吾侄决定，不必再通知敝处。费神之至。此问家昌贤侄安好。

元济手启 九月十三日

八十五

昨信诵悉。售纸价廿六万六千四百元，收到。费神，感感。复问家昌贤侄安好。

元济 九月二十六日

八十六

昨震生侄来言，家亨侄[1]第三郎年方十八，已在某大学（何校？）毕业于机械科。此为吾族之光，闻之甚喜。实际情形望见示。大学毕业需由政府分配任事，未知分配何所？家亨侄住址何在？均望告知。此问家昌贤侄安好。

元济顿首 七月十五日

八十七

海盐县县长是何姓名？如知之，乞示。（先祈电告）此问家昌贤侄安好。

元济顿首 七月二十九日

---

1 即张家亨（1875—？），号修文。张启文长子，张元济族侄。

八十八

家昌贤侄如见：昨日充甫弟来，谈约一小时，挥泪而别。我亦含泪而送，至今心犹惙惙也。侄如尚相见，务望善为宽解。再，有小事拟奉托，有暇时盼来我处一谈，不拘何日何时也。此问近安。

元济顿首　四月二十一日

某年七月十五日，张元济致张家昌书信。

致张震¹

　　《史氏墓志》已写就，尺寸对准无误。属送去，请收入转交。以文就石，每字不过半寸。初写用羊毫，因过小，不能运用，勉改紫毫，殊未惬意。鄙意拟援另议例，未知可转达否？代垫款收据两纸，并原稿及重抄清样附去。即问近体。

　　再，新订润利，送去一纸备用，于下月一日实行，比沈淇泉²尚少二三成。千万勿示史君，免致误会。即正笺云云如有未便，亦可不说，听其自酌。鄙意断不欲令我侄为难也。

1　张震（1886—1969），字震生，张元济族侄。曾任商务印书编校、上海市文史研究馆馆员。

2　沈卫（1862—1945），字友霍，号淇泉，浙江嘉兴人。沈钧儒十一叔。书法家。

致张增[1]

　　昨信阅悉。早闻王君□□善贾，又见其征诗文启，笺印均极为美，意必肯花钱以博堂上之欢。故将撰书之件从实开价。现属改撰寿联，连写亦须二千元，核减仍属不菲，且裱就对联一副亦须千数百元。吾侄处境并不宽裕，何必糜费此巨资？仍以作罢为是。垂老饥□，不能不较及锱铢，望吾侄谅之。此意亦不妨从直告知王君也。启纸缴还。

三十三年十一月二十三日

---

1 张增，字川如，张元济族侄。

致张祥保[1]

祥保收阅，岷源均念，汝烨兄弟同此：顷接到本月十日来信，知道全家安好，甚欣慰。你第二男儿要我取一名字。我想用一个"耀"字，意取光耀，将来望他声名四达。你和岷源斟酌，是否可用？高妈病，今你加忙，有幸的是可以支持。不要过于劳碌，是为至嘱。高妈进医院上镭锭，费用大不大？要多少时候可望治好？她进了医院，你岂不更要加忙？好在烨儿白天在幼儿院，可以免于照料。第二男儿晚上不醒，你可以多睡些时候，甚善。抚育子女之不易也。你添雇了一个仓县乡下人，是否天津南部之沧州？应作"沧"，不作"仓"。人尚勤能否？我身体如常，夜眠亦足，胃口更好，终日只想吃，大有反老还童的样子。天天吃两三支葱管糖，每餐必有肉，早晨吃一二枚鸡蛋，晚饭只饮粥几匙，也很够了。每日饮牛乳半磅，享用很不差。此间天气晴少阴多，雪仅飘了几点。房间已生火，平均有六十度，很舒服（下缺）

（1954年）

注　年份由收信人考定。

1949年10月5日，张元济与张祥保在北京大学的合影。

---

1 张祥保（1917— ），张树源与刘冠昭之女，张元济侄孙女。出生20个月母亲即去世，由张元济抚养成长。1946年受胡适邀请入北京大学西方语言文学系任教。参与编写或主编商务印书馆出版的《英语同义词用法词典》《大学英语》《大学英语教师备课笔记》等书。

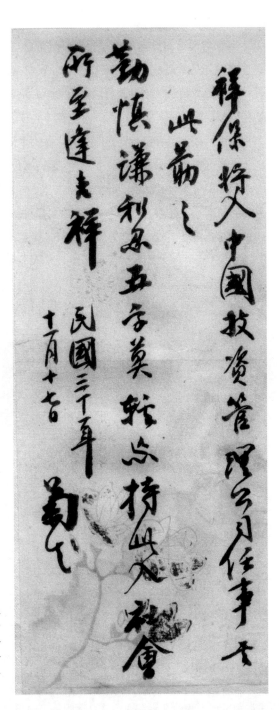

1942年11月17日，张元济为张祥保
题诗。释文：祥保将入中国投资管
理公司任事，书此勖之。勤慎谦和
忍，五字莫轻忘。持此入社会，所
至逢吉祥。民国三十一年十一月十
七日，菊生。

致王岷源[1]

岷源君青览：得七月廿九日惠书，藉谂写上令伯大人寿字，获邀青盼，兼受碧纱之笼，且幸且悚。侄孙女祥保自幼丧母，育于吾家。先室视如己出，教养成人。祇以爱怜稍过，约束遂宽，材薄能鲜，不足为君子述也。去岁胡适之兄南来，盛称执事品学不置，并言愿为祥保执柯。先作朋好，适之从旁赞助。元济亦令祥保善自为谋。祥保比有讯信，愿以身许，并蒙令伯大人不弃微寒，许结秦晋之好。元济深以祥保得所依归，深为庆幸。今结褵有日，并蒙来告吉期，"之子于归，宜其家人"，正可为今日咏也。元济耄年，舍侄亦远在关中，身婴疾病，均不能亲莅北平，躬与嘉礼，弥以为憾。幸赖适之先生暨熊年嫂推爱屋乌，届期许为证盟，差堪欣慰。专此布复，兼祝百年好合，福禄允臻。[2]

张元济顿首　三十七年八月二日

张祥保与王岷源结婚留影，左一为证婚人胡适。

---

1 王岷源（1912—2000），四川重庆人。张元济侄孙女婿。资深英语教学专家。1946年应胡适邀请，入北京大学西方语言文学系。1948年与张祥保结为连理。审校修订有商务印书馆《简明英汉辞典》及上海外语教育出版社《大学英语》泛读教材等。

2 1947年，张祥保与王岷源相恋，张元济专门致函向胡适询问王岷源的家世及人品。胡适回信道："王岷源先生是北大西方语文学系的副教授，现兼任训练印度政府派来北大的十一个学生的华语学习事。近年我在哈佛大学往来，见他寄住在赵元任先生的家中，见他温习勤苦，故去年邀他来北大任教。……王君人甚清秀，中英文都很好，写汉字甚秀雅，情性忠厚温文。我在美国观察此君，很喜欢他的为人敦厚。"张元济大喜。王岷源与张祥保举行婚礼时的证婚人即胡适和熊希龄的遗孀毛彦文。

致张庆[1]

庆官收阅：你的校课报告我看到。你的数理方面都有进步，但不可自满，还要多多用功。我寄些奖品给你。

一、颜真卿的颜勤礼碑二本。这是二十年前我在西安买到的，是新出土的碑。前面不甚清楚，后面很好。你可以常常临写。

二、玉马镇纸一具。这是你曾祖母谢太夫人在日赐我的。你可以在书桌上用作镇纸。

三、康熙字钱一副，共二十枚。又大钱小钱各一枚。康熙字钱也是谢太夫人在日选集了赐我的。其中有数□是我补选的。那大小两枚是我在上海买得的。康熙字钱前人集成歌词四句如下："同福临东江，宣原苏蓟昌，南河宁广浙，台桂陕云漳。"这些字在钱背右侧，都是当时铸钱的地名。左侧是满洲字。

叔祖字　（1952年）六月一日

注　原信未署年份。现据张庆回忆确定。

张庆在张元济故居前的留影，摄于1998年4月3日。

---

1 张庆（1936—2013），张树源与许廷芬之子，张元济侄孙。毕业于清华大学热工动力学系，高级工程师。生前曾先后筹建数家大型火力发电厂，并担任厂长。

致陈润身[1]

　　润身：汝母来，知汝即欲远行。男子有志四方，出外谋生，亦未始非是。惟汝秉性刚强，务望勉自克治，交友尤宜谨慎。世途甚险，切不可误入歧途。凡人为国家出力，为社会服务，第一要有主意，第二要趋向正当，第三要能忍耐。汝母抚育非易，善自爱惜，勿伤母心。吾年虽老，甚望汝之成功而归也。

　　润身。

十八年三月十二日

---

1 陈润身，张元济族侄女张贞之子。

致张福康[1]

张福康致张元济及张元济在来信上的批复

菊生宗伯大人尊前，敬禀者，姪自杭州求学后，某觉经济困难，故讬肖山孙建炎先生介绍於杨［扬］州盐运使署工作。孙府二世兄有志於商业，孙先生知大人在上海商务印书馆，故讬姪向大人请求，可否使孙世兄在商馆作一练习生。因孙先生与姪有师生关系，且姪之职业为孙先生所介绍，故姪万不能推却。望大人恩准为盼，专此候覆。敬请福安。

姪福康叩上　（1929年）八月初八日

通讯处：肖山龛山中街孙府

　　张元济批复：闻舍学谋生，甚为扼腕。当今之世，少时不努力求学，迨年渐长，必不能在社会上立足。鄙意吾姪仍以专心问学为是。承属一节，我已辞职四年余[2]，用人行政不过问，且因工会纠葛，一切收缩，不能为力，歉仄之至。18/9/14复。

张福康致张元济书信及张元济在来信上的批复。

---

1 本篇录自上海图书馆编，黄嬿婉、计宏伟整理：《上海图书馆藏张元济往来信札》第十三册，国家图书馆出版社2017年10月版，第110至111页。张福康（1909—1930），号健斋。张元鑫长子、张元纶嗣子，张元济族侄。
2 指张元济1926年与高凤池等人因股息分配的分歧而辞去监理之职事，不久商务印书馆又推举先生任董事会主席。

第三辑　致姻亲

1935年，华山玉女峰无根树前合影。后排右二张元济，右三叶景葵，右四葛嗣浵。

张元济与姻亲多为同好，在志同道合的基础上结成亲戚。如张树年先生的岳丈葛嗣浵，与张元济为光绪十年（1884）科举嘉兴府考同年，二人因都有搜集和保护古籍的爱好——平湖葛氏祖辈有传朴堂藏书楼，张元济则为商务印书馆涵芬楼收购古籍，彼此假借，互相抄藏，交往甚深。1921年，二人曾与金兆蕃等人在忻虞卿《檇李文系》的基础上发起补辑，经过多年努力，终成巨帙，为保护乡邦文献做出了重要贡献。此外，"一·二八"事变后，商务印书馆及东方图书馆被毁，张元济所主持的《丛书集成初编》即向葛家传朴堂借抄《艺海珠尘》《滂喜斋丛书》《功顺堂丛书》《天壤阁丛书》等有关序书和缺书，撰成《丛书集成总目提要》。再如孙女张珑的公公李廷燮为商界人士，对传统文化颇有根底和研究，仰慕、收藏张元济书法，二人在昆曲爱好方面也多有交流。

本辑收录了张元济致姻亲的51封信件，以金氏、吾氏、许氏、葛氏、李氏排列，多论及交游、鬻书、藏书、借书及古籍出版等事。

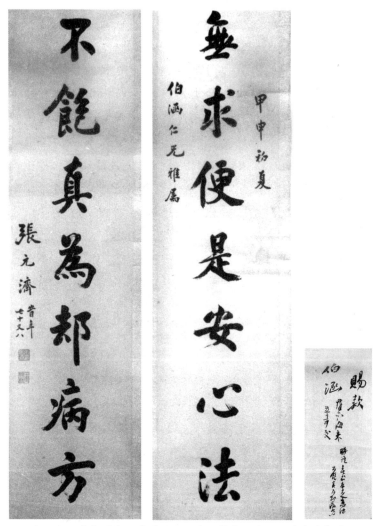

1944年，张元济书赠李廷燮对联：无求便是安心法，不饱真为却病方。
张人凤先生在整理张元济手迹时发现一张李廷燮为求字留下的字条，说明二
人是因为这幅对联认识的。

致金武祥[1]

一

湉生表舅氏大人尊鉴：昨承枉顾，备聆教益，欣快何似。今晨准拟奉谒，乃昨宵感冒益剧，家慈嘱令避风一日，备明朝可作主人。爽约之愆，尚祈原宥。译局已成书三种，呈请教正。肃此敬请大安。

甥张元济谨上　九月十四日（1899年10月18日）

注　原信无年份。"译局已成书三种"约指1899年南洋公学译书院出书情形。

書名	原文	冊數	售價
日東軍政要略	日本	二	三角
最衛學	日本	一	五角
作戰糧食給營法	日本	四	
軍隊給食與法	日本	一	一角五分
美國陸軍制	英	一	一角
陸軍教育攝要	日本	一	一角五分
日本陸軍學校資程彙編	日本	二	二角五分
日本憲兵制	日本	一	一角
日本操典	日本	一	七角
步兵操典 現印卒成	日本	三	
野外要務令 現印卒成	日本	三	
步兵射擊教範 現印卒成	日本	二	三角五分
射擊學教程 譯述現校	日本	一	一角五分
步兵各個教練書 譯述現校	日本		
支那教案論	日本	二	一角五分
萬國通商史	英	一	
泰西各國水陸國政比例通議	日本	二	
亞丹斯密原富 現譯卒成	英		
步兵各個教練書 現校	英		
英律釋義 現校	法蘭食現六	四	
嗣氏操典	英		
野戰礮兵操典 是二六譯	日本	二	
野戰礮兵操典 同上	日本		

1900年，南洋公学译书院所译书目表。此表即为1900年4月29日张元济致盛宣怀函的附件。

二

湉生表舅氏大人阁下：带水相违，尘嚣碌碌，久未笺候，驰系日深。昨奉十一月十九日惠函，敬诵悉。所寄示诗文集七册均已照收，当即交由编译所吴翊

1　金武祥（1841—1924），字湉生，号粟香，江苏常州人。张元济母亲谢太夫人表兄弟，即张元济表舅。清末藏书家、刻书家、诗人。编纂、刻印有《粟香室丛书》54种、《江阴艺文志》，是研究江阴地方文化的重要丛书。著有《芙蓉江上草堂诗稿》12卷、《木兰书屋词》1卷、《粟香室文稿》4卷、《粟香随笔》40卷、《陶庐杂忆》7卷等。"桂林山水甲天下"即出自其《遍游桂林山岩》一诗。

庭[1]先生选录，随后再行奉复。吴君印曾祺，闽中人也。承询并及济夏间东渡养疴，畅游三岛名胜，似较健适[2]。秋凉归沪，现仍从事编辑，尚耐烦劳。寓中托庇粗安，养慰廑注。闻明春驾言出游，藉得晤教，何幸如之。盼祷盼祷。专此，复颂台祺，诸惟察照不宣。

甥张元济顿首 十一月廿八日（1908年12月21日）

注　原信未署年份。信中"济夏间东渡养疴"，系1908年事。

三

湛生表母舅大人尊右：日前莅沪，畅奉清诲，别后想锦旋协吉为颂。承假阅方刻《草堂诗笺》，甚感。近已从他处借得，请即置之。甥拟在金陵图书馆乞取旧书照相。商之小山前辈[3]及善余，均已允诺。现经托付妥友前往办理，犹恐乏人赞助。表兄在馆中任事已久，情形较熟，忝在戚好，可否请以一函属表兄关照一切？其函先寄至甥处，以便交与友人持往，面为接洽，为祷。此叩道安。

甥张元济顿首 （1919年）

注　原信无年月日。商务印书馆去金陵图书馆照相，约为1919年事。

四

湛生表舅大人尊鉴：久未笺叩起居，正深景念，忽奉讣告，惊悉表舅母大人于六月初旬仙游。高年撄此，情何以堪！惟念俪德久彰，永垂彤史。我长者方以耆硕为名山事业之计，颐养修福，正未有艾，务祈勉付达观，是为至祷。甥相隔在远，

---

1 即吴曾祺（1852—1929），字翼亭，亦作翊庭，人称涵芬先生，福建侯官（今福州市区）人。曾受聘商务印书馆编译所，协助张元济、高梦旦创办涵芬楼图书馆，后扩充为东方图书馆；主持编辑古今秘籍珍本。主编、编纂有《涵芬楼藏书目录》4册、《涵芬楼古今文钞》100册，后者被严复誉为"艺苑巨观"。辛亥末辞职返里。著有《涵芬楼文谈》《国语国策补注》《国语韦解补正》《清史纲要》《漪香山馆文集》等。

2 1908年7月11日，张元济赴日本考察、访书，历时近三个月，于10月7日抵沪。

3 小山前辈即缪荃孙（1844—1919），字炎之，一字筱珊（小山），江苏江阴人。清末著名目录学家、金石学家、藏书家、刻书家和方志学家。宣统二年（1910）奉调北京，创办京师图书馆。分类清理内阁大库珍本，纂成《善本书目》8卷、《各省志书目》4卷。被誉为"中国图书馆之父"。其总纂的方志还有《江苏通志》《江阴县续志》等。著有《艺风堂文集》《艺风堂藏书记》《艺风堂金石录》等。

辄以俗冗，不克躬致生刍，趋谒灵几，谨呈奠敬四元，即乞鉴入。饬市香楮，以申哀殽之思。临颖无任瞻望。专肃。祇承道履不尽。表兄均此致慰。

表甥张元济顿首 十年八月三十日

五[1]

　　湛生舅氏大人尊鉴：笺敬久疏，正深企念，适陶兰泉[2]兄来沪，交到见赐所著之《陶庐六忆》一册并《七忆》前数叶[3]，伏读一过，想见娱情撰述，神明聪强，甚为欣慰。至诗之寓兴写怀，足资掌故，则尤讽诵服膺，珍藏拜谢。《七忆》装订成帙后仍乞惠寄为感。先六世祖有复刻元椠李雁湖注《王荆公诗》，当时即稍有缺佚，今则传本更稀。曩年购得原本，竭数载之力，始能搜补完全，影印出版。兹特奉上一部，伏乞哂存。后附跋语，粗述重印此书之颠末，并祈鉴及是幸。专此陈谢，敬颂道安。

表甥张元济谨启 十一年十二月二十七日

六

　　湛生舅氏大人尊鉴：昨上一笺，计荷垂誉。小山前辈亦在座，可以畅谈，务祈勿却。附呈征书小启一纸，敬乞赐教。敝公司印厂经营数年，尚有可观。如蒙长者惠临，至为光宠，去伻可为前导，雇人力车不过一刻钟便可到矣。元济十一钟前当在此恭候。肃此。敬请晨安。

表甥张元济顿首

---

1 本篇录自上海图书馆编，黄嬿婉、计宏伟整理：《上海图书馆藏张元济往来信札》第二册，国家图书馆出版社2017年10月版，第369页。

2 即陶湘（1871—1940），字兰泉，号涉园，江苏武进（今常州）人。民国著名藏书家、刻书家。著有《清代殿本书始末记》。

3 光绪六年（1880），金武祥应运司差遣，在清远县境内北江白庙办缉私。这一年，他将七绝诗百首辑为《陶庐杂忆》（以后陆续有《陶庐杂忆续咏》《陶庐续忆补咏》《陶庐后忆》《陶庐五忆》《陶庐六忆》《陶庐七忆》的辑刻）。诗多关注事实，生平经历、见闻往往见之吟咏，尤重风土、民俗和人物，举凡名胜古迹、风物特产、闾巷掌故等均记录其中。

致吾鸿墀[1]

吾鸿墀致张元济及张元济在来信上的批复

　　菊生姊丈大人阁下：昨奉惠翰，敬悉壹是。去春古历十二月中姊丈得孙之庆，弟以时促，不及备札，只以薄敬捌枚并孙、何二婿处菲分及函，嘱托便友于十二月二十前带申，交由儿子家驹敬呈。奈家驹适因公，偕同事有巴蜀之行。行前因预备一切，而竟搁未敬呈，值至月初始晋谒面呈，殊属疏忽已极。顷已函责。幸属至戚，尚不见晒。区区薄敬，转荷函谢，抱无既。孙、何二处谢柬亦交去。古贤胡公孝辕事，前得东海公碑志之初，今得姊丈保存于后，伟力丰功，群仰不已[2]。余如东城至新桥一带亦获免致纷扰，邑人士日口碑载道，企何如云。姊丈七十论文伟册[3]，孙等于图书馆中获瞻尊伟册，恭诵再三，欣美不已。姊丈之寿，较诸世俗之毫无品学、称觞自扰而志寿高出万万矣。远近推崇，钦仰不已，欣何如之。小孙用福前荷介绍，报考商务，奈川时运不齐，一再致误。本届夏季如须招考，还祈于贵馆人事科转托，试前先行示知，备免日促而致误。如须补报名单，伏乞公便，即为询明示知（报名格式单均乞取示），以便补报。屡渎日感嵩立，敬请台安。并颂潭福。文郎仲穆均此。

弟吾鸿墀谨上
（1937年）四月八日

　　张元济批复：26/4/12致信史久芸[4]询问，属有考期先迳函海盐该生住址，通知本人。

1　吾鸿墀（1870—1942），字少汀，浙江海盐人。张元济原配夫人吾氏之弟。

2　即指1937年年初，张元济发起修葺胡震亨墓事。胡震亨（1569—1645），原字君鬯，后改字孝辕，自号赤城山人，浙江海盐人。明代诗人、藏书家。编著有《海盐县图经》《唐音统籖》《赤城山人稿》等。胡震亨死后葬于海盐县城武原停驾桥侧。光绪初年刊印的《海盐县志》将胡震亨墓列为重要古迹之一。海盐士绅徐用福（东海公）于光绪九年（1883）出资修葺，立有碑志。1937年年初，海盐县政府拟圈用胡震亨墓地辟为兵士演操场之用。张元济得知后，先后起草《拟请修复胡墓并拨还墓田以资修葺公呈》送呈省政府，撰写和发表《谒胡孝辕先生墓记》等文章，呼吁社会各界重视和支持古迹保护。在张元济等人的努力下，海盐县政府终于批复，决定将胡墓收归公家保管。但不久抗日战争爆发，海盐县城遭到日军的烧杀抢掠和严重破坏，胡震亨墓等文物古迹均被摧毁殆尽。

3　即指《张菊生先生七十生日纪念论文集》。1936年张元济先生七十大寿，蔡元培、胡适、王云五发起征集论文，印成《张菊生先生七十生日纪念论文集》；商务印书馆还出版了《中国文化史丛书》四集80种，特以纪念。

4　史久芸（1897—1961），浙江余姚人。曾任商务印书馆总馆代经理、经理。1954年商务印书馆公私合营以后，一度改名高等教育出版社，担任经理职位。

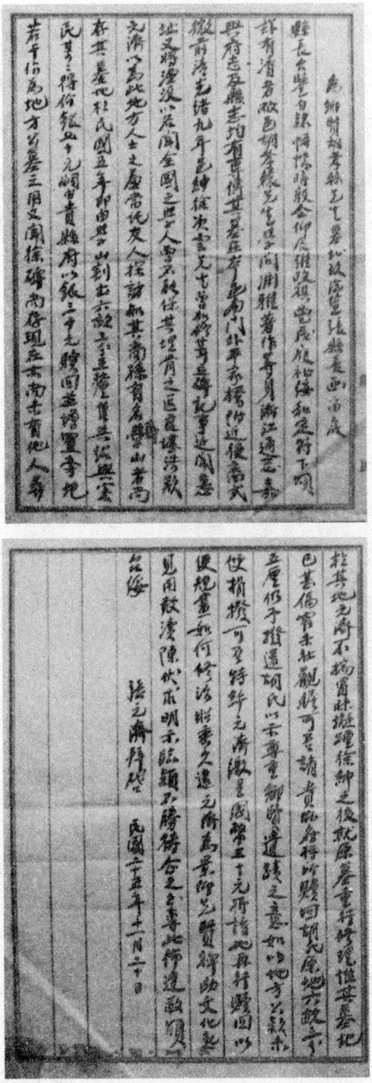

為鄉賢胡孝轅先生墓址致海鹽張縣長函留底

縣長台鑒：日昨晤談，暢聆教益，仰見維護[illegible]，[illegible]下懷。

茲有請者，敝邑胡孝轅先生生[illegible]明間，淵雅著作等身，浙江通志載

與府志及縣志均有專傳，其墓在本邑南門外平橋附近，後裔式

微。前清光緒九年，邑紳徐用儀等為之[illegible]碑記事，近聞墓

址又將湮沒，以[illegible]全國之學人[illegible]保其[illegible]之遺址，深為歎

元濟以為此地方人士之[illegible]，當託友人往訪，知其裔孫[illegible]山書局

本其墓地於民國五年即由其[illegible]出售[illegible]

民[illegible]得價銀五十元，聞由貴縣府以銀二十元贖回，並增置祭地

若干為地方公墓，又聞據碑尚存，現在[illegible]有他人有

於其地，元濟不揣冒昧，擬請徐紳之後就原墓重行修理，俾其墓地

已甚偏窄，未壯觀瞻，可否請貴縣府將所贖回胡氏原地六畝

五厘仍予撥還胡氏，以示尊重鄉賢遺跡之意。如以地方公款未

便捐撥，可否特許元濟繳呈國幣五十元，將該地再行贖回，以

便規畫一切[illegible]，元濟為[illegible]贊助文化起

見，用敢瀆陳，伏乞明示，臨穎不勝禱企之至。專此，佈達，敬頌

台綏

張元濟拜啟

民國二十五年十一月二十日

张元济为乡贤胡孝辕先生墓址致海盐张县长函留底。

致许宝驹[1]

一

去腊枉驾过访，畅谈甚快。嗣造尊寓奉答，而文旆已行，未晤为怅。承示《明人遗墨》已交敝馆同人检阅，极拟借印。惟尚须略加选择，且边幅过宽者，为纸张所限，或当稍稍收缩。珂罗板工本甚昂，不易销售。拟用金属板，比寻常石印为高。印成之后，拟以全书伍拾部为酬。敝同人属为转商，如蒙俯允，尚余数册，祈便中付下，却亦不必亟亟也。事冗稽答，甚歉，甚歉。开岁发春，伏维诸凡顺适，兼颂台祺，并盼裁覆。

十九年二月四日

二

昂若姻台阁下：昨接二月十一日复函。欣谂台候佳胜，慰如所颂。承嘱一节，当转商敝公司在事诸君。据称前拟酬赠大衍之数，系属优待之例。重荷谆命，谨再加赠叁拾部，共为捌拾部，藉答雅意。原书尚有数册，请托妥便携交，俾可着手影制。用为转达，统希鉴察是荷。专此。顺颂春祺。

十九年二月十五日

三

昂若姻台足下：前日辱荷枉临，晤谈为快。台从即日吉旋，未及诣答，至以为歉。续承交下珍藏《明贤遗墨》伍册，前后共计捌册，均已检交敝馆点收。顷交到收信一封，特为附上，希即察存为荷。尊寓地名门牌忽又忘却，只得仍送贵局。遇便务祈开示。顺颂台祺。

张元济 十九年三月十一日

---

1 许宝驹（1899—1960），字昂若，浙江杭县人。张元济内侄。

四

　　昂若姻台足下：得六月十八日手书，展诵祇悉。承借《明贤尺牍》，屡向敝公司催问。据主管部分覆称，早已影就，惟尚须细加校对，两星期准可蒇事。第珍藏名迹，邮递殊不放心。拟俟驾临面缴。倘尊处有妥慎可信之人来沪，可以转交者，统乞详示为盼。专复。祇颂台祺。

张元济　十九年六月廿日

致许宝骅[1]

前日交来属书萃古斋[2]市招，次日即思写送。讵所用之笔较小，不能惬意。昨日改用较巨之笔重写，似差胜。今送送［上］。分作两卷，请贵同事诸君选用。三竿不直，依润例，畀以千八百番足矣。敝见琉璃厂书肆均只称某堂某斋，今加"书店"二字于下，似成赘。管见备酌。季湘[3]将设展览会，需将写件装裱。仆拟荐一向操此业者，尚觉可靠，价亦平。是否令其径与季湘接洽？其寓址在何路、何号？统乞见示。

民国三十三年七月二十六日

张元济手书对联：一饭未曾留俗客，
兼金那足比清文。

---

1 许宝骅（1910—1990），字千里，浙江杭州人。张元济内侄。

2 1944年创办的专门经营中文古旧书和外文旧书的书店，位于上海善钟路（近海格路），今常熟路（近华山路）。1944年7月，店主于士增通过许宝骅请张元济题写店招。张元济手书店招一直悬挂到1966年停业为止。

3 即沈季湘，曾任商务印书馆襄理、总经理，中华书局襄理、古籍出版社编辑室主任。担任《辞源》第五版主编、"中华文史论丛"总编、《新闻报》副总编等职。商务印书馆公私合营时期奔走谋划，出力甚多。

致葛嗣浵[1]

一

词蔚吾兄亲家大人阁下：前日肃复寸函，计蒙詧入。需用《文系》[2]稿纸，兹寄去百纸，即祈检入。前制三千叶已分发罄尽，须再印。需用时请示知，当续呈。前存同胜庄款拟提四千五百元，不知此时于该庄有不便否？应将存折挂号寄上，如可拨付，乞转托同丰，将折、款同送交商务印书馆出纳科，为幸。

十年九月十五日

二

续辑《文系》检查名次，其有可考者究属多数。前星期日费半日之力，已检至九画。大约尚有两日功夫便可卒事，容再寄呈。凡敝处检查不得者再请教亭［定］[3]、咏霓两君补考。篯孙[4]同年处弟尚未去信。兄如通问，并乞先为致意。窃有陈者，将来选政，专托篯兄一人主持，恐其未必肯允。如吾兄能与合作，则必不致推辞，此事便可解决。以情理论，弟亦不当置身局外。但收掌之事，弟已勉效微劳，且商馆事繁，实亦力难兼顾。务求准与解免。倘蒙慨允，弟即将此意转达篯兄也。

十三年六月二十四日

三

奉七月二日环示，知缴还灵璧、增城两志，又代购《兴义府志》均已递到。惟《正安州志》误付孟苹[5]，时隔两年，价款亦早收回，此时再往索还，似觉未合，只可再属黔馆设法补购。近日成都分馆寄到《酉阳州志》一部，尚未接信，如有信

1　葛嗣浵（1867—1935），字稚威、词蔚，号思椿、竹林，浙江平湖人。葛昌琳之父，张元济亲家。藏书家、教育家。著有《爱日吟庐书画续录》八卷、《爱日吟庐书画别录》四卷、《水西吟舫诗钞》八卷和《传朴堂书目》二十卷等。与张元济为光绪十年（1884）科举嘉兴府考同年，又因藏书的兴趣交往密切。

2　即《槜李文系》。

3　敦亭应为徐敦定，曾为葛嗣浵编纂藏书目录。

4　即金兆蕃（1869—1951），原名义襄，字篯孙，号药梦老人，浙江秀水（今嘉兴）人。曾任《清史》纂修、总纂，参与辑纂《晚晴簃诗汇》和《清儒学案》，汇辑有《安乐乡人诗》《药梦词》。

5　即蒋汝藻（1877—1954），字孟苹，号乐庵，吴兴（今湖州）南浔人。

来云已购妥，当可移归尊处，藉赎前愆。《槜李文系》续收各稿顷已将姓名查讫，其未有小传者，尚有贰百肆拾余人。以京师及尊处所辑者为最详明，而嘉善、嘉兴及海盐为最略。然各处寄来目录中容尚可搜辑若干。无论如何迟两日后此名册必寄呈台阅。彼时徐敉亭［定］兄当可莅城，托其代为考补。倘蒙允许，曷胜感幸。近来贵体想甚清吉，乳肿已消尽未？甚为驰念。篯兄有无回信？选阅之事不知能允许否？弟归后碌碌，竟未去信，专候兄处来信，如果推辞，当再作函劝驾耳。《铜陵县志》闻已钞得，极喜。寄到后尚拟假抄，定邀慨允。[1]钱幹丈即日开吊，弟欲撰挽联，竟无暇构思。大约亦只能以幛代之。

十三年七月九日

四

前日寄复寸函，越二日又寄呈《文系》续辑姓氏类编一册，计均达览。天气虽热多风，不审近来起居何如？乳肿已消尽未？甚念念也。新得四川《营山县志》一部，计八册。价金两元五角。查为尊处所未有。谨呈上，即乞察收为幸。钱幹丈灵榇昨日过沪，即返嘉善。闻得本月下旬尚须开吊，彼时台从拟赴吊否？敬祈示悉。弟如能抽身，亦思一往也。《文系》续稿凡无小传者，我兄能与敉亭［定］、咏霓诸君子代为搜补，曷胜感幸。脱稿后甚望早日寄示。姓氏类编稿亦乞同时掷还，至盼至盼。

张元济 十三年七月十五日

五

检查志书，拟选《文系》清目已于前日挂号寄上，想蒙督入。昨晚奉到六月廿四日手书，辱承垂注，至为感幸。蒙假志书陆种计廿八册，如数收到。惟《新昌县志》尚有卷十七、八未蒙检付，续有妥便，仍乞惠寄。闻新得《天门县志》，代为欣喜。敝处所钞一部，卷端并无草议十条。尚未检《章氏遗书》，如已有之，当抄录补入，否则亦拟乞借也。

张元济 十三年七月三十一日

---

1 葛嗣浵喜集方志，他与张元济主持的商务印书馆涵芬楼彼此假借，互相抄藏，连续很长时间。涵芬楼方志一门凡一千四百余种，二万余册，传朴堂方志总量不下于此数，且有些为涵芬楼所无。据藏书家屈燨回忆录《望绝纪年》稿本记，葛家藏书精华有四：一、地志收藏最富；二、平邑先哲遗书，秘本稿本往往有之；三、明人集部最为完备；四、丛书大者小者种类至夥。

六

奉七月初十日手书，谨诵悉。乞假《新昌县志》十七、八两卷，获蒙慨允，感幸之至。福建《惠安县志》，系嘉庆八年所刊，凡三十六卷，共十册。前闻尊处所藏已有残缺，敝处一部可以奉让，购价不过肆元肆角，总廉于钞补也。是否可留，即祈核示。《文系》续稿尊处文［又］辑得五十余家，可喜之至。惟所缺小传恐不易补。今此亦无可如何之事。钱兄已有复信，选事竟允担任，此皆我兄推挽之功，不胜感幸。闻二十日后文旆将临，良晤匪遥，尤深欣盼。手复。

张元济　十三年八月十八日

七

得十月十四日手教。知贵体尚未复元，极为驰念，务祈加意珍卫，至祷至盼。附来《槜李文系》补辑文三篇已收到，当录入。近来时局不靖，交通梗滞，全书亦不敢寄京。如兄与钱孙通讯，乞道及为幸。山西《永和县志》敝处前在京师图书馆抄得一部，稍有残缺，后为谭志贤[1]兄索去代补。容俟寄还与续收之本对比一过，再行寄奉。兹有恳者，弟近来亟欲搜求乡先辈著述，已得百数十种。邺架所储，必更宏富。兹附去敝处已得各书（专以海盐为限清单四纸，乞付典守者代为一查。凡有在此单之外者，均请录示（请专以海盐人为限），并注明作者姓字、出版时代及卷数、册数，将来尚拟假钞。此抱残守缺之事，想蒙许可。原单四纸亦请掷还。琐琐奉渎，且感且悚。贵庄同丰与敝公司继续往来，已告主者照办。又前移之款迟一二月或当需用，此时却不亟亟，惟既承见还，俟薛君交到时谨当接洽。年内台从尚来沪上否？并乞示及。

张元济　十三年十一月十四日

八

词蔚仁兄亲家大人阁下：昨日归自扬州[2]，展诵腊月十一日手示。谨悉承惠

1　即谭新嘉（1874—1939），字维生，号志贤、胥山蟬叟，浙江嘉兴人。1917年任京师图书馆中文编目组组长。刻书室名承启堂。自订年谱《梦怀录》。纂修有《嘉兴谭氏家谱》，刻《嘉兴谭氏遗书》27卷。

2　本月上、中旬，张元济赴扬州购何氏藏书。据《涵芬楼烬余书录序》，"战事粗定，而扬州何氏之书又有求沽之讯。余溯江而上，登门乞观。察其书，多有用，且饶精本。市易既定，輂书而出，迨至镇江，而江浙之战又作。间关达沪，幸无遗佚"。

《挽语汇录》两册，拜领谢谢。属转致董、金、夏三处者亦已分别交去矣。《学海类编》业经购进，惟《涉闻梓旧》竟已失去，殊觉可惜。现在正在交涉，将来重出之书自当发售，容商定办法再行奉告。安徽省涡阳县志（书名《涡阳风土记》）已为代购一部。兹仍托同丰庄寄呈，即祈察入。《望都县志》蒙属仍为代搜，谨当遵办。前托苏戡[1]所书楹联，容晤面时催问。如何之处，即函告耳。敝邑先哲遗著知又查得两种。弟处藏有《盐邑艺文续编》。所辑皆有明一代之诗，凡一百三十人，但不知为何人所辑。今诵来示，乃知为孝辕先生之稿。将来尚拟乞借迻录一过，俾成完璧。明春台从莅沪，倘蒙携示，至为感幸。至《绿蕉馆诗》，则敝处先已购得，毋须贷我矣。此间战事又作，城中大受滋扰，现虽小靖，然鲁难未已也[2]。敝寓均安，足纾锦注。手复。顺颂年安。

注　信中作者旁注：发单容后补呈。信末作者注：14年1月20日又去一信，托买海盐《晶报》所载之书，并寄去《涡阳县风土记》。

九

徐声翁来，询知起居安吉，至为欣慰。交到正月廿一日手书，展诵祗悉。承借《盐邑艺文续编》两册，亦已收到。弟前曾购得一部，皆有明一代之诗，系手钞稿本，以为尊藏一部，必与此相衔接。今展阅乃知不然，然此亦不易得，将来尚拟钞录也。属代购预约《集成曲谱》十部、《翁日记》一部，业经知照发行所代为留存。书价尽可俟下月台从到沪再交不迟。何氏之书尚未检查完毕。出售办法亦尚未定。去腊又搜得甘肃《徽县志》《秦安县志》各一部。《秦安县志》敝处先已在京师图书馆抄到一部，将来拟以此钞本归于尊处，给还钞价，不知可收用否？盐邑驻兵料不能免。弟与孙督不相识，未与通信也。

十四年二月二十七日

1　即郑孝胥（1860—1938），字苏戡、太夷，号海藏，福建闽侯人。政治家，书法家，诗坛同光派倡导者。寓沪期间曾任商务印书馆董事会议长多年。1923年离开商务印书馆北上。

2　指1924年中华民国江苏督军齐燮元与浙江督军卢永祥之间进行的齐卢战争。1924年10月21日至1925年1月17日战事稍有间歇。

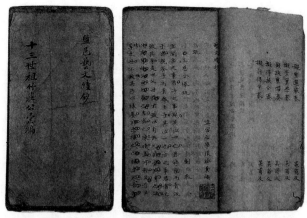

（清）张肷辑《盐邑艺文续钞附补编残稿》不分卷。

十

词蔚仁兄亲家大人阁下：今晨奉手教，展诵藉悉移居南市[1]后卧病三日，未知所患若何？昨日治牙，想已喜占勿药，甚念。弟昨日赴大世界听昆曲[2]，未终，觉身体不适，归寓即卧。既醒，知颂深来访。上灯以后毓丈亦来，谓颂深已到彼处，经毓丈剀切晓喻，颂深亦甚不以乃兄为然，（并告欠债必须清还，或数目上由伊出为商榷。弟致耀春信，亦属其转交颂深，云亦未能见面，当托张虎臣转致毓丈，并属代达一切，因道远不克趋诣。）现拟将家事先行清理，异日倘能得其应得之产，与两弟必当归还，断不抵赖，云云。听其所言，尚合情理。然目前尚是空话，终须观其后来。今日午后，本拟答访颂深，而饭后仍觉头痛腿酸，以是未果。又毓丈云，颂深谓乃兄在沪已耗去七八万，（商务股分经弟查明，已于去年三月押与银行。）鄙意耀春现在正在避债之时，恐于彼方面无从着手。兄前见示，拟俟伊兄弟清理家产之时，即行出与理论。此策似较合宜。颂深既如是云云，彼时能承受父产若干，未必能遽食前言。其两弟尚幼，当能听其支配。惟析产之事，须经近支尊长，此必须托毓丈及彦如、轶如昆仲相助为理。铭老为最近公亲，似亦可预为接洽，谨陈管见。敬候卓裁。志目如已抄竟，望即发还。

十九年六月七日

---

1 指上海南市。葛嗣澎经营开泰木行，位于黄浦江边，今南浦大桥北。

2 当日大世界共舞台由新乐府昆班演折子戏《照镜》《寄子》《佳期》《拷红》《磨芹》《拾柴》和《泼粥》。由于为涵芬楼收集善本，其中不乏珍贵的元明杂剧、词曲、乐府、曲谱等，张元济对昆曲的爱好缘于此。他还组织编辑出版了多部昆曲曲谱，具有代表性的如《集成曲谱》。

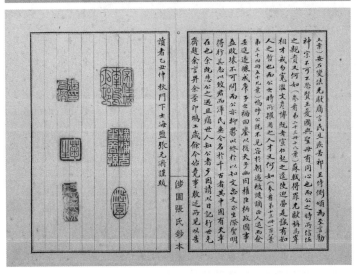

张元济跋《翁文恭公日记》手迹。翁同龢是1892年张元济京城会试的主考官，其后又同情戊戌变法，因此张元济对其十分尊敬。1925年张元济主持商务印书馆时，将其日记以《翁文恭公日记》之名影印出版，并在书后撰写跋文，追忆恩师生前风仪。

十一

前日徐君彦如过访，谓耀春昆弟析产极为勉强。耀春概置不理，无法处置，祇得将祖遗之产拨归其弟三人，然所存仅约十之六。颂深与其两弟谓承受父产，虽比例减少，然父债之应还者，仍愿照四分之三摊派。但有恳请者二点：一、前尊处代垫之款，帐单上有利息一项，恳予豁免；二、颂深名下一分即行如数缴呈，其两弟因乏现款，又不便遽为变产，拟恳准其分为若干年，按期拨还。彦如又述颂深之言，谓此均是情商，如舍情论法，则照承受家产比例，尚可减少若干。然渠不愿为此。但上文所陈两点如不获仰邀应允，则此外殊无办法。彦如又言，渠并非出为调人，不过受两方及敝处之托，故代为传达。又言，如徐氏之事一部分可以解决，则张君树屏处亦可去信，同时催理各等语。察其语气，利息一层似颇坚持，至颂深两弟名下代为变产，同时归清，亦做不到。此系弟从旁之揣测。究应如何答复，谨候裁示。前开示应抄志书，现尚有多种未抄，是否继续进行？垫付抄资，何必急急拨还。容稍闲，再开单呈览。附下陈君信，亦收到。

二十年四月五日

十二

（上略）奉八月四日手书，展诵祇悉。伯刚兄[1]复兄别楮一通，已送交敝公司汇存，故不克寄还。担保一节兄能破例为之，最所欣幸。公司有印就格式，兹附去空白一份，敬祈詧入。李拔翁复信附去，并祈阅过掷还。允假伊墨卿[2]真迹，已告拔兄，极感谢，并云不必亟亟交下，遇便带来不迟，且闻已有复信矣。陆冠翁昨日来沪晤谈一次，并无股东公信交下。据云抄帐事即拟办，将来交到敝处，须有股东公信，转去时较易措词。想蒙鉴允。树年夫妇于月初下山返沪，日来部署一切，甚为忙碌[3]。手复。（下略）

二十年八月十二日

注　作者在信稿旁注：二十年八月十七日又去一函，附致伯刚信。"（上略）""（下略）"字样为信稿原有。

1 即旅居苏州的藏书家屈燨（1880—1963），字伯刚，号弹山。1931年时曾应葛嗣浵邀请，为传朴堂藏书编目，但此目并未刊印。

2 即伊秉绶（1754—1815），字祖似，号墨卿，福建汀州府宁化县人，故又称"伊汀州"。书法家。

3 即为1931年8月张树年赴美留学一事。

十三

丛书全目[1]寄奉,乞詧核。其中《艺海珠尘》一种,此间所购亦欠壬、癸两集。闻兄前已抄得,将来尚拟借钞,可否先寄赐一阅。又此书及滂喜斋、功顺堂、天壤阁、岱南阁此数种前后均无序跋,思每一丛书撰一提要,颇难着笔。[2]刘澄翁[3]《续皇朝文献通考》均有纪载,然太率略,不可用。邺架想均有藏弆。拟乞饬司书小胥为之检查以上五种,如有刊书序跋(其中所收各书之序跋不需用)可否即将各该册寄我一阅,而以《艺海珠尘》吴省兰自序尤为紧要。倘蒙慨允(除普通寄费,加快递费一角二分)由邮局以快件寄下,尤为感荷。又《畿辅丛书》既无序跋,又无凡例,茫无头绪,竟无从着笔,并乞代查。

廿四年四月四日

十四

前日造访,见清恙向愈,欣慰无似。然精神尚未恢复,不敢多谈。沈思翁来信并修禊图记未敢呈阅,仍携之而归。兹属儿子代存,俟贵体康复,再行呈上。留颂稚威仁兄痊安。

弟张元济顿首 (1935年)七月廿二日

注 原信不署书写年份。据内容,应书于1935年葛嗣浵病危住院之日。

---

1 即《丛书集成初编》全目。

2 "一·二八"后,商务印书馆及东方图书馆被毁,张元济深感工作之艰难。《丛书集成初编》曾向葛家传朴堂借抄《艺海珠尘》《滂喜斋丛书》《功顺堂丛书》《天壤阁丛书》等有关序书和缺书,撰成《丛书集成总目提要》。

3 即刘澄如,又作澂如,名锦藻,浙江南浔人。富商,嘉业堂藏书楼主人刘承幹之父,与葛嗣浵为儿女亲家。

致葛昌楣[1]

一

咏莪姻台阁下：昨日奉手教。谨诵悉。协兴制药公司合同阅过，先缴上，乞詧收。彦如昨日来信一件，并呈阅，阅过仍恳掷还。节略当向索还，再寄呈。令亲病尚未愈，殊为念念。便中见血，极宜慎重。昔闻诸西医，饮食祇限于流质，此最关紧要也。本月廿八日商务印书馆股东临时会，台端暨令叔恐不能到。务祈推派代表，否则乞以入场证交下（必须盖章）为幸。此复，即颂台安。

张元济顿首（1931年）六月廿五日

附去先生手校《李义山诗集》四本

注　原信不署书写年份。1931年6月28日，商务印书馆曾举行股东临时会。作者在信端旁注：另写，此留底。

二

葛昌楣致张元济及张元济在来信上的批复

菊老姻丈大人赐鉴：侄十五出申，一宵即返，匆匆未奉谒，罪歉歉。惠假《芝省斋》等四种俱已录副（《摛藻堂稿》乃先刻，与《柯庭余习》有复出处），今特寄，乞詧收。又欲假六种，希饬送鸿庆里中超[2]小儿处。清明祭扫，命其携归较妥。一瓻之惠，不尽谢惆。耑此奉恳，祇请颐安。

姻愚侄期昌楣顿首　三月二十四日①

《摛藻堂续稿》
《魏子敬遗集》②
《艺省斋吟藳》
《柴辟亭诗集》
　　以上奉赵八册。③
《北田文略诗臆》，江浩然，三册
《为可堂初集》，朱一是，六册

---

1 葛昌楣（1886—1964），字咏莪，浙江平湖人。张元济亲家葛嗣浵之侄。工书法、喜篆刻、爱鉴藏，南社社友、诗人。上海市文史研究馆馆员。

2 即葛中超，民国翻译家。

《蒹厓诗抄外集》，顾修，四册

《恬致堂集》，残本，李日华，廿一卷，八册

《汪柯亭汇刻宾朋集》，如缺首卷不必寄，四册

　　以上乞假廿五册。④

张元济批复：

①附送嘉郡人著作五种，计25册，见清单。又还《居易堂集》六册，连夹板。25/3/27复。

②原有夹板，收到。

③25/3/25收，次日送还东方图书馆。

④25/3/26用借书条五张借出，次日送鸿庆里，托中超带平，同时还去《居易堂集》六本并夹板。张元济注。

致李廷燮[1]

一

伯涵先生阁下：奉三月三日手教，谨悉。承示《四十述怀》大作，正是所谓言志之诗。《劝世新语》一篇，苦口婆心，洵有关世道人心之作，稍有不合时宜者，弟以为正自无妨也。唐蔚翁[2]近来尝与弟通讯云，近拟撰闺范编，弟曾稍有管蠡之见，不知吾兄曾见及否？并求赐教。君九兄前月曾有信来，仍用左手作书，字难尽识，词亦不能达意。乃弟季点附来一信（是否号小徐？），备述近状，殊为可悯[3]。命书小笺，容再呈上。贵友余君嘱书小立轴，可以遵办。俟纸到即书。附去润例祈转致。手复，祗候台安。

弟张元济顿首　（1951年）三月四日

注　第一、二信均不署书写年份。现据王季点致作者信有关内容确定。

二

伯涵先生阁下：奉本月十日手教，谨诵悉。赐阅司徒君侨美回忆录[4]，弟先已由本人寄赠一部，尚未及读。承借一册，谨缴还，乞收回为幸。女子夫死再嫁，似与夫在改嫁不同，蔚翁所见有别。弟思再进一言，蔚兄作复不便，拟请吾兄于晤时代告。女子守节，原系美德，蔚兄谓任其自然，自是正论。但数百年来已渐成为定义。弟幼时闻母辈聚谈，言及再醮之妇，辄鄙夷而不屑，故时亲串中孀妇从无一再嫁者，盖为习俗所移久矣。范文正母再适朱氏，人所尽知。先始祖横浦先生继配马太夫人先适吴氏，夫死再适吾祖。一名臣之母，一名儒之妻，何不可以为法。圣贤教人不外人情，习俗所染，遂日远于中和，而日趋于偏宕。蔚兄发此宏

1　李廷燮（1896—1958），字伯涵，别号柏寒，江苏苏州人。商界人士。张元济孙婿李瑞骅之父。

2　即唐文治（1865—1954），字颖侯，号蔚芝，江苏太仓人。著名教育家、工学先驱、国学大师。

3　君九兄即王季烈（1873—1952），字晋馀，号君九、螾庐，江苏苏州人。著辑有《集成曲谱》《与众曲谱》《螾庐曲谈》《螾庐未定稿》《孤本元明杂剧提要》等。1949年后陈叔通邀请王季烈进京，参加筹备文史馆工作。王季烈赴京不久即瘫痪卧床。季点指王季烈的三弟王季点（1879—1966）。"号小徐"者应为王季烈二弟王季同（1875—1948），数学家。

4　即司徒美堂口述、司徒丙鹤笔录《我痛恨美帝——侨美七十年生活回忆录》，1951年由光明日报出版社印行。

愿，思为全国妇女树之规范。蔚兄人伦坊表，全国景仰，故亟欲借其椽笔，挽厥颓风，尤望吾兄为之剀切一言也。附去《横浦文集》一册，末二叶叙吾始祖母事綦详，可否倩蔚兄侍史高君为之诵述，俾得倾听。用毕仍请发还，无任感荷。专此布达。敬候起居。

弟张元济顿首 （1951年）三月十四日

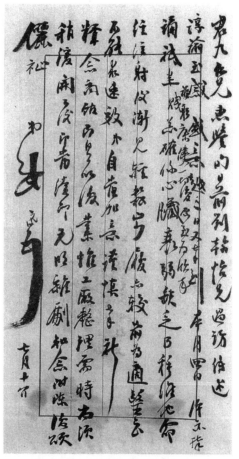

1941年7月18日，张元济致王季烈书信。告以刘承幹来访及商务印书馆续印《孤本元明杂剧》事。

三

总觉未能忘物我　故应多事判恩仇
有薪不尽争传火　无米还量惯唱筹
填海倘穷炎女力　崩天宁释杞人忧
只今一发中原望　任溃吾痈且抉疣

录和故友叶揆初诗，兼步原韵。时中日战事正炽，蒋、汪决裂，汪且归往日本矣。即请伯涵先生两政。

张元济　时年八十又五

四

伯涵仁兄阁下：残暑未消，闷人天气，伏维起居安吉，至为怀念。前托瑞麟［麒］世兄伉俪¹为孙女珑带去衣件，近得珑孙来信云，接得通知，曾亲往留学生招待所谒见兄嫂，备承青盼，并称麟［麒］嫂于北京语言未甚习惯，言动倜傥，一见而知为久受高尚教育之材，并约珑孙在京导游名胜。渠为东道主，极愿效劳，惟亚洲及太平洋和平大会列国代表即日到京，会务极为忙冗²，恐难分身，抱惭歉仄云云。谨代陈明，务祈鉴宥。前承惠赐像片，曾于本月二日肃函致谢，计邀青睐。专此。顺颂潭祉。

弟张元济顿首　（1952年）九月十三日

注　以下各信，除第八信外，凡原不署书写年份者，均据作者孙婿、李廷燮子瑞骅回忆确定。

五

伯涵先生大鉴：奉本月十四日手教，展诵敬承。世兄伉俪联袂抵京。孙女有东道之谊，理当接伴，乃以和平会事，忙冗未能分身，乃蒙容恕，弥以为惭。我国文字艰深，亟须改善，政府迭有指导，用意甚诚。商务印书馆前出《国音字典》³殊

1　即李瑞骅的长兄李瑞麒、兄嫂盘桂仙。

2　1952年在北京召开的亚洲太平洋区域和平大会，是中华人民共和国成立后第一次大规模的国际会议，北大、清华、外语学院的许多教师和学生被调去做会务工作，分口译和笔译组。张珑被分在口译组，会务工作从准备到总结持续近半年。

3　1919年，根据读音统一会审定《国音汇编草》（1913年）改定的《国音字典》，由商务印书馆初版。后多次修订，均由商务印书馆出版。

多缺陷，已屡属从速修订，以适时宜。惟人才难得，未知何日可以观成，藉副殷望耳。附下蔚芝先生容如花乐府题词，情文兼至，读之令人不能无动于中。近有友人赠我翁文恭师[1]墨绘《双忠祠银杏图》，弟附题一绝[2]，别纸录呈，吾兄读之当有同感，并祈教正。顺颂潭福。

弟张元济拜上

如晤唐蔚翁并乞致意。

一九五二年九月十九日

六

伯涵仁兄阁下：秋风渐厉，伏维起居安吉为颂。昨陈凤之先生过访，知二世兄因华东军管会有重务［要］政务，坚留在沪办理，未能去京。如果属实，前托二世兄带交孙女之棉被及打字机适有友不日北行，拟托顺便带去。敬祈检交去伻携回。复渎感悚，敬颂潭福。

弟张元济顿首 （1952年）十一月廿二日

七

伯涵先生阁下：前日肃上寸函，同时复奉到廿一日手书，并发还西文打字机一具并钥匙一枚，已照收到。二世兄因华东政府坚留在沪担任要务，未能晋京，前此托带与孙女丝绵袄已蒙代交邮局递去。扰及廉泉，不胜惭悚，唯有感谢而已。孙女已于月中由东北旋京，偕同事数人暂时侨居东城东安市场润明楼（号数未详），因和平会议尚未结束，来宾如有宴会、参观等事，仍须前往照料，忙冗如常，恐一时未必能往访令嫒[3]，领取衣件。来信称北京大学日促回校授课，而和平会议未曾终了以前，坚欲挽留办理未了之事。何去何从目前尚难遽决。知荷垂注，谨此附陈。侄孙女祥保则早已移居西郊燕京旧址，新北大中关园宿舍廿七号，在校授课矣。西文打字机蒙允二世兄于来月晋京仍可代携，不胜衔感。行期定后，候示送

---

1 即翁同龢（1830—1904），字叔平，号松禅，江苏常熟人。著名政治家、书法艺术家。著有《翁文恭公日记》《瓶庐诗文稿》等。张元济与翁同龢的师生之谊为文坛一段佳话。

2 即《拔可道兄赠我翁松禅师墨绘双忠祠前银杏画幅，口占致谢》："师门遗笔传乔木，无限情怀尺幅中。故国河山今已矣，世人谁识拜双忠。"

3 即李瑞骅长姐李瑞芬（1920—2014），江苏苏州人。国内临床营养界泰斗、著名临床营养学家。

呈。复颂台安。

弟张元济拜启　（1952年）十一月廿四日

令嫒瑞芬女士是否寓喜鹊胡同甲十九号？

八

伯涵先生阁下：前日辱枉临，聆教欣快。别后即遣人到门外报摊买得本月出版十八号《世界知识》[1]一册。令婿谢君[2]所译一则业经读过。顷又奉到本日手书，知令嫒亦有译文，即将展诵。堪叹彼美口唱自由，其实自由何在？适形其蠢而已。蒙赐一册，与弟已购得者相同，谨璧还，乞收回。王琴希兄处承代致意，至感至感。复颂台祺。

弟张元济顿首　（1953年）五月十三日下午

注　原信未署年份，现据李廷燮女李瑞芬、婿谢曜回忆确定。

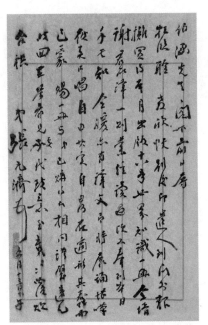

1953年5月13日，张元济致李廷燮书信。

1　创刊于1934年，是一本国际政治、经济、文化半月刊。
2　即李瑞芬丈夫谢曜（1916—2005），字之晖，浙江吴兴人。早年毕业于上海圣约翰大学历史系，后任职于中国国际问题研究所，为该所资深研究员。

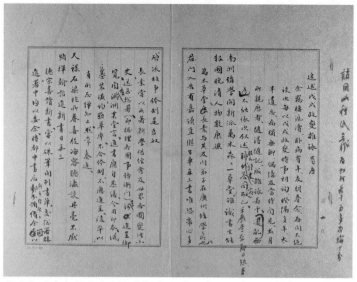

张元济《追述戊戌政变杂咏》十六首。诗稿系请他人誊清，稿中修改补充字迹是先生亲笔。

九

伯涵先生大鉴：久违雅教，伏维潭第多福，至以为颂。弟病榻无聊，去冬有《追述戊戌政变杂咏》之作，顷印成清稿。谨呈上一册，自惭其丑陋也，伏祈教正。闻二世兄为国宣劳，夜以继日，幸勿过于劬瘁，至为系念。统维亮詧。

弟张元济顿首 （1953年）五月十八日

附录：追述戊戌政变杂咏（1952年12月）

余羁栖沪渎，卧病有年。友朋眷念，存问不绝。谈次每以戊戌政变时事相询。暌隔多年，太半遗忘。病榻无聊，偶忆及当时闻见，或身所亲历者，随得随记，成杂咏若干，不能依次叙述，敢云诗史，聊答客问而已。壬辰（一九五二年）冬至节日，张元济。

南洲讲学开新派，万木森森一草堂。

谁识书生能报国，晚清人物数康梁。

万木草堂，长素与其及门弟子在广州讲学之所也。

君门入告有嘉谟，直继公车再上书。

唯恐帝心多启沃，故争体制是臣奴。

长素尝以所著《新学伪经考》及《世界各国变法小史》送至总署（原注：即总理各国事务衙门），呈请进呈御览。闻有满洲某堂言，进书应自恭缮，今用印本，纸墨装璜均极草率，不合体制，不应进呈。后卒以有所忌惮而止，照常奏进。

天禄石渠非所眷，喜从海客听瀛谈。

丹毫不厌频挥翰，诏进新书日再三。

德宗喜读新书，尝以朱笔开列书单，交总署购进。署中均以委余。时都中书店新书极缺，余因以箧中所有，并向知友乞假，凑集进呈，寒俭可哂。

崛起东陲新建国，交邻未可袭常仪。

宸衷独具先知觉，一字低昂未可欺。

中日战败，许朝鲜独立自主。我国遣使修好，应递国书，总署拟稿进呈。稿中将"大清国大皇帝"提行高一格写，"朝鲜国王"低一格。德宗严词批饬，斥为腐败。

一代斯文妖孽尽，英才教育此权舆。

河汾自有千秋业，早赋归与计未疏。

时诏各省广设学堂，考试并废八股。余劝长素乘此机会出京回籍，韬晦一时，免撄众忌。到粤专办学堂，搜罗才智，讲求种种学术，俟风气大开，新进盈廷，人才蔚起，再图出山，则变法之事不难迎刃而解，而长素不我从也。

松筠遗迹吊孤忠，又上江亭眺远空。

不见西山朝气爽，沉沉散入暮云中。

中日战败，外患日迫。忧时之士，每相邀约在松筠菴陶然亭集会，筹商挽救之策，讨论当时所谓时务西学。余亦间与其列。到者多一时名下，然毫无组织。其中亦有奔走权门者。"党会"二字，当时视如蛇蝎。闻见既歧，趋向各异，来几星散。

欲识民间真疾苦，故开言路到乡间。

臣愚愿学涓埃献，家法朝仪试革除。

德宗下诏求言，许各部司员上书言事。余连递封奏，请满汉通婚、去发辫、除拜跪，阅者为之咋舌。

微官幸得觐天颜，祖训常怀入告编。

温语虚怀前席意，愧无良药进忠言。

余与长素同膺徐学士致靖之荐，四月二十八日预备召见。是日黎明至西苑门外朝房预候，长素已先在，未几荣禄亦至。膳牌下，长素先入，约历一小时出。余继入，至勤政殿东偏室。内侍搴帘引入。余进至军机大臣垫前跪。德宗问：汝在总理衙门供职。又云：闻汝设一通艺学堂，有学生若干人？作何功课？余答现习英语及算学，均是初步。德宗云：外交事关紧要，翻译必须讲求。又问有无铁路课程。余答：未有，将来大学堂开办，必须设立。德宗云：闻印度铁路已开至我国西藏边界，现在云南交涉事繁，由京至滇，路程须两、三月，相形之下，外交焉得不受亏。余答要开铁路，必须赶紧预备人材，洋工程师断不可靠。不但铁路，即矿山、河渠、船厂、机器厂，在在均关紧要，应责成大学堂认真造就各项人材。皇上注重翻译，尤为扼要之图，如公使领事均能得人，外交必能逐渐起色。臣在总署，觉得使领人才殊为缺乏，亦须早为储备。现仅有同文馆及外省之广方言馆，断不敷用。德宗语音颇低，然辞气和蔼，屡谕畅所欲言，不必有所戒惧。余见御座后窗外似有人影，亦不敢多言。未几，谕令退出，约时不过三刻。

为拯国危频发愤，反违慈意竟成仇。

幸灾乐祸心何毒，岂是人鸣戴畜头。

德宗发愤为强，力求自立。西后惑于奄竖之言，渐成乖忤。宵小乘机煽构，日进谗言。西后厌于听闻，谓屡戒不悛，任其横行，彼必自食其害，我们尽可坐观。噫，此何言也，岂尚有人心者乎？

帝王末世太酸辛，洗面常留涕泪痕。

苦口丁宁宣国是，忧勤百日枉维新。

当时内侍亦尚有忠于德宗者，如寇良材之徒，尝对人言，德宗在宫内，每于无人独坐之时频频叹息，掩面而泣。又言西后性情暴躁，对德宗一言不合，即责令长跪不起。故德宗入觐问安时，觳觫万状。

何处鸡声鸣不已？风潇雨晦倍萧寥。

分明阴盛阳衰像，应是司晨出牝朝。

德宗厉行新政，守旧诸臣私相诋毁，造为种种谣言，谓变法为西后所恶，母子不能融洽，将来必有变故。至八月初六日懿旨宣布由颐和园还宫，于是人心惶惧益甚，咸知大祸即在目前。

围宫何事能轻举，疑案今犹万口留。

莫须有成三字狱，只缘压日有秦头。

袁世凯有八月十四日日记，载民国十五年二月《申报》，云得自苏州张一麐君，见《三水梁燕孙先生年谱》卷上二十五页。果如所言，则"德宗之有亏子道，谭嗣同之胆大妄为，荣禄之忠荩老成，袁世凯之有功社稷"均赅括无遗。此中奥突，概可窥见。

东市朝衣胡太酷，覆巢余卵亦难完。

只应沟壑供填委，土芥臣原一例看。

四卿既诛，党人捕逐殆尽。有劝余出亡者。余有母在，此求生害仁之事，余何能为？惟有顺受而已。

不安卑位竟言高，妄欲回天气自豪。

未必挥戈难返日，老臣胡事若辞劳。

西后垂帘训政，已奉明诏。余不自揣量，妄思消弭，拟谋之李文忠。此何等事，文忠岂能挽回？自今思之，童骏可笑。余既见文忠于贤良寺，直陈来意，谓强邻遣人觇国（时日本伊藤博文以聘问为名，昨甫觐见。），设将变法之事遽行停罢，甚或对皇上别有举动，恐非社稷之福，中堂一身系天下之重，如能剀切敷陈，或有转移之望。文忠闻言，瞠目视余者久之，默然无语。余知其有不能言之隐，未敢多渎，遂即辞出。

权奸只惯工欺蔽，直以官场作戏场。

欲纵故擒聊布局，遣臣稳渡太平洋。

夏穗卿语余，闻都中政变，任公避入日本使馆，已由日人送至天津。日领郑永昌伴至塘沽，将登日本兵舰，即追至塘沽，觅得日领汽船，与任公话别。旋登岸，遇王菀生、陶杏南于河滨。时菀生以候补道官北洋，询以何来？菀生言捉拿要犯，一笑而散。后菀生告以当日荣禄传见，云奉电旨，梁某由日人护送至津，潜图出国，经探报日领已偕至塘沽，将登日本军舰，汝可速往塘沽，设法拿捕，务须慎重。菀生心知其意，请带日本翻译。荣云陶大均可。菀生即请同行，荣允之。急派小轮追至塘沽，遂遇穗卿于途。既登日领汽船，说明缘由，见任公正在船中，佯若不识。时任公已去发，着日本服。日领诿云我船中并无此人。从者指任公形迹可疑。日领云此为我国人。菀生言带有翻译，愿与一谈。任公坚不开口，杏南尝试无效，彼此厮混一场，毫无结果。王、陶遂与日领道扰，还登小轮，回津销差。任公既托庇于日人，无从逮捕。王、陶与任公均系好友，荣岂不知？知之而故为之者，正欲遮掩外人耳目。菀生请派日语翻译，正是心心相印。王、陶二人既销差，而荣禄遂以捉拿无着，电复总署代奏矣。

满朝钩党任株连，有罪难逃心自安。

分作累囚候明诏，敢虚晨夕误衙班。

时谣诼纷纭，谓逮捕即将及余。余母处之泰然。余唯恐缇骑到门，不免惊及堂上。时步军统领崇礼兼总署堂官。余因每日进署，早到晚退，俾知余在署中，可以就近缚送，不必到家查抄也。

同罪岂能行异罚，宽严妙用特恩叨。

若非早放归田里，怎免刑书列二毛？

九月二十三日余与王锡蕃、李岳瑞同拜"革职永不叙用"之命。越数日，谒廖仲山师。师时值枢廷，语余是日王、李处分既定，德宗特谕枢臣，张某亦尝上书妄图国事，应并案办理，盖隐有保全之意。余封奏语涉狂妄，设有人弹劾，必膺严谴，即幸而漏网，余亦不能乞假出京。逗留都下，逮至义和团起，余亦必步刘葆真同年之后矣。葆真任大学堂教习，有"二毛子"之目，后竟失踪。时都中舆论对喜言新学者，均称为"二毛子"。义和团辄送至坛前，焚香上表，以候神谶。余亦久负此名，葆真既以此丧生，余亦岂能幸免？

无官赢得一身轻，犹望孤儿作范滂。

老去范滂今尚在，不闻阿母唤儿声。

余既褫职，晨起见邸抄，送呈吾母。母诏余曰："儿啊，有子万事足，无官一身轻。"言下抚慰再四。余不觉捧母手而泣。岁月如流，回首当年，言犹在耳，而吾母弃养已五十有四年矣。

十

伯涵先生大鉴：十八日奉手教，谨诵悉。戊戌变法时机全未成熟，当时顽固势力尚盛，同志诸人知其不可而为，至今思之，真可谓痴心妄想耳。天实为之，谓之何哉，亦唯有付之浩叹而已！《和陈叔通出国诗》只有底稿，并未誊正，辱承索阅，顷始检得，谨呈上，务祈勿吝教诲，是所至感。瑞骅世兄将以青联科技代表入京开会，得藉以稍稍休息，亦佳事也。事冗稽答，甚歉。顺颂潭祉。

弟张元济拜上 （1953年）五月廿三日

附录：和陈叔通出国纪事俚言七绝二十四首（1953年1月）

维也纳召开世界人民和平大会

创造和平新世界，亚洲而后又欧洲。

大陆中原古都会，择地堪称最上头。

与会者各国人民代表或代表团及来宾

只是此心同此理，故能号召共参加。

众宾均有如归乐，天下原来是一家。

应世界人民和平大会理事会之招赴维也纳

老人报国寸心长，雪虐风饕志愈强。

伏枥壮心原未已，不辞跋涉更翱翔。

反战争

八十五邦齐庋止，弟兄姊妹列成行。

译鞮象寄浑难辨，异口同声反战争。

音乐堂开大会

照眼奇花常绿树，华灯彩帜共辉煌。

欣逢胜会前无古，携手同登音乐堂。

大会公报用五国文字

东方文字我中华，俄英法共西班牙。

异国异言公报在，风同道一更堪夸。

闭幕宣言

熙攘八日宝光阴，闭幕宣言合铸金。

康乐和亲涵义足，仁声到处入人深。

上书五大国政府请缔结和平公约

我虞尔诈非人世，旋转乾坤仗五强。

一纸盟书真玉烛，妖氛散处尽祥光。

两国间分歧协商解决

果能讲信同修睦，更好排难共解纷。

谈笑从容消浩劫，协商两字是真言。

废除武力政策裁减军备

恃强凌弱故黩武，竞争军备富亦贫。

富强贫弱并存在，废除武力共裁军。

不止朝鲜越南寮国高棉马来亚战争

亚南亚北多烽火，弹雨枪林历岁年。

愿乞俯从民视听，鼓鼙早息莫耽延。

人民应有自决权

生人原有自决权，岂是凡民甘弃捐。

可恨强邻滥干涉，惟期完璧早归赵。

勿以暴力窒息摩洛哥突尼斯民族独立愿望及种族歧视

法北英南互殖民，非洲时局太纷纭。

诚求独立兼平等，旧染陈陈待革新。

不许在外国驻军并建立基地

驻军域外增基地，订约加盟计愈工。

名曰联防实侵略，民生国本两难容。

建议日本德国问题和平解决并使奥国摆脱占领

日受金山伪和约，奥犹占领亦堪怜。

东西德境遭分剖，胡不全归独立权。

停止细菌战

细菌毒人应殄灭，翻施培养祸生民。

如何好胜求荣者，恶辱反甘居不仁。

禁止原子武器化学武器和灭绝人民一切工具

杀人武器争精进，科学无辜被恶名。

公约庄严日内瓦，好教管制莫横行。

归途游乌克兰列宁格勒

雍容坛坫追侨札，雅望能增上国光。

写出邻邦风物美，还将佳句压归装。

归国即赴中央人民政府重要会议

往矣来思倏五旬，乘风踏雪意欣欣。

回看祖国山河绚，大政恢弘又日新。

决定今年开全国人民代表大会

艰难革命庆成功，数十年来奋斗中。

五七兆民齐会合，满堂欢乐主人翁。

制定宪法

解放三年好收获，共同纲领及瓜期。

斯氏名言根本法，鸿文编纂合乘时。

起草选举法

集中民主于何寄，职在能操选举权。

大道为公称普选，善征民信待英贤。

美国空袭挑衅闻讯志慨

世事千钧一发悬，星星有火燎于原。

未识何时可扑灭，杞人无那自忧天。

和平万岁

激成大战拂舆情，善战还当服上刑。

敢信弭兵终属我，光荣毕竟是和平。

十一

伯涵仁兄阁下：昨奉月之二日手教，谨诵悉。辱承垂注，不胜感谢。又蒙开示弄藏昆曲传奇目录，许为借阅，尤深铭感。弟于曲学茫无所知，但病榻无聊，欲藉以消遣。传奇可作小说观，而词章尤有深趣。尊藏《琵琶记》、《西厢记》、《荆钗记》、《临川梦》均已从他处读过，其他各种均未寓目，容再开单。乞借《十五贯》，如能觅得，敬乞慨假。《见都》一剧，况锺为人甚为可敬，但未见其下文，故欲一知其究竟也。君久兄不幸与弟同病，幸痊愈甚速，稍慰下怀。吾兄与通讯时乞代问候。承示将枉临存问，天气炎热，万不敢有劳大驾，谨先辞谢。手复，顺颂台安。

弟张元济顿首　（1953年）八月四日

十二

伯涵先生阁下：前复寸函，计荷垂詧。雨后生凉，伏维动定纳福。贱恙稍就轻减，足纾廑注。尊藏《十五贯》传奇如能检得，甚盼假阅。琐渎感悚。即颂台安。

弟张元济顿首　（1953年）八月廿八日

近得君九兄信否？其病已否见痊？伊京寓在何处？乞示。

元济又及

十三

伯涵先生阁下：奉本月一日手教，祗悉。尊藏《十五贯》检寻不得，乃蒙代借，不胜感悚。承订明日午前枉临存问，万不敢当。每日上午时有擦拭身体之事，并更替衣裤，即卧病床上，亦不克奉迎。谨先辞谢。该书当遣人诣领。敬乞检付为幸。专此布谢，顺颂台安。

弟张元济顿首　（1953年）九月二日

王君九兄京寓处所敬悉，其病不知已全瘳否？

十四

伯涵先生台鉴：前日送去为二世兄瑞骅少君所书小立轴[1]，计荷垂詧。管见云云，务求赐教。兹再渎者，杭州夏地山[2]先生为弟昔年在京同学，今岁八十生日在国庆节后十四日，因以祝颂国庆之意移祝其家庆，成七言绝句八首，别纸录呈，并祈诲正。祗颂台祉。

瑞骅少君均候。

弟张元济顿首　（1953年）十一月廿七日

附录：贺夏地山先生八十生日诗（1953年11月）

夏地山先生今年八十生日，国庆家庆先后举行。前日以《和聂约庵诗》寄示，即用其首句成七言绝句八首奉和。

行年八十喜逢辰，最喜朝鲜息战氛。

东亚醒狮才一吼，已能驯服虎狼秦。

朝鲜停战为和平初步。美虽狡横，亦只得俯首服从。

行年八十喜逢辰，最喜匡扶来德邻。

百四一宗新事业，向荣景象更欣欣。

苏联以技术资财助我振兴一百四十一项大企业。

行年八十喜逢辰，最喜民族倍相亲。

等是同胞称少数，弟兄姊妹百千群。

1　张元济应李瑞骅之请，撰《礼运篇》并书成条幅。

2　即夏偕复（1874—？），字棣三、地山，浙江杭县人。1896年前后与张元济、陈昭常等创立健社，后改名通艺学堂，教授英文、算学等。著有《学校刍言》等。

政府照顾少数民族，从宜从俗，助其自治，不久可能成一大家庭。

行年八十喜逢辰，最喜藏族列齐民。

达赖班禅同向化，无边佛力靖烟尘。

西藏两首领先后入京，表示输诚。和平解放西藏嗣经协定，顺利推行。

行年八十喜逢辰，最喜初期计画新。

阴雨未临怜牖户，云雷相应见经纶。

我国第一期五年计划今岁开始，全国人民欢喜奉行。

行年八十喜逢辰，最喜长淮禹迹循。

水患消除成水利，巫支祁亦解归仁。

淮水为虐，大禹一排一导，后无继者。政府并力踵行，足纾民困。

行年八十喜逢辰，最喜铁轨布兰新。

通道天山遍南北，辚辚万里展征轮。

兰新铁路今岁兴工，两三年后即可通车。

行年八十喜逢辰，最喜鞍钢百炼纯。

利赖民生兼武卫，平章吾欲贱金银。

鞍山钢铁产量极丰，尽供全国建设之用。

一九五三年十一月小雪节日，张元济

注　打字油印稿末有作者自注：第六首第三、四句改"水利充盈水患去，河伯谁犹道不仁"。

十五

伯涵仁兄惠鉴：奉本月四日手教，祗悉。拙句蒙奖滋愧。孔子大同之说为极端之政治思想，顾不多见，近人亦不注意。弟偶呈管见，蒙□引伸其说，至为欣幸。稿成极欲拜读，甚盼见示。附下林宰平兄[1]信，连日阴雨，原函系用墨水所书，弟迩来目力日逊，灯光之下，殊难竟读。小儿在旁展诵，始获聆悉。谨缴还，乞詧收。蔚老生日记似在冬季。明年九十正庆，何时举行，如先期闻知，敬乞通告。手覆。祗颂潭祉。

弟张元济拜上　（1953年）十二月六日

1　即林志钧（1878—1961），字宰平，号北云，福建闽县人。著名诗人、法学家和哲学巨擘。

十六

伯涵仁兄亲家清鉴：前日枉临，晤谈为快。今呈上《涉园丛刻》一部，又附上先六世祖青在先生校刊李雁湖《王荆公诗注》十二本，又六世叔祖含厂先生辑印《带经堂诗》八本，又芷斋先生辑印《初白菴诗评》二本，又咏川先生辑印之《词林纪事》一本（影印原刊本），又拙著《校史随笔》[1]两本，又汇录纪念病状绝句若干首，又《癸巳岁暮再告存》绝句二首（庚寅先有告存，故此加"再"）。统祈詧入。

（1954年初）

注　原信缺署名及撰写日期页。《癸巳岁暮再告存》诗作于1954年初。

（清）张宗楠撰《词林纪事》二十二卷，张元济手书识语。

---

1 《校史随笔》是张元济的一部古籍校勘学专著。这本书记录了20世纪二三十年代由他主持校勘、辑印《百衲本二十四史》时取得的研究成果。

附录：患偏中适满四周年，详述病状（1953年12月25日）

一九四九年政府召开全国政治协商会议，余赴京参与，事毕旋沪，未几即患偏中，半身不遂，绵历数载，医药罔效，正所谓带病延年。今余年八十有七矣。始病至今，适满四周年。闲卧无聊，成绝句若干首，详述病状，借留纪念。

一九五三年十二月二十五日，张元济识

人皆四体我存半，帝与九龄犹欠三。

仔细衡量闲领略，别般滋味亦醰醰。

似死犹生相绝续，鬼门关外正徘徊。

攀登觉岸诚非易，小别人间去又回。

余初病时入居中美医院，神识昏迷。陈叔通语余，一日来院省视，立于榻前良久，余不之觉，有所问亦不答。叔通含泪而出。次日复来视，似稍瘥，即移入剑桥医院，改延乐文照医师诊治，遂有转机。

空留只手偏多力，任意横行不自知。

本是连枝并同气，竟成客体最堪悲。

左手已废，然有时忽强有力，不能自主，毁物伤身，甚至皮破血流。

最难安顿是双趺，两两相形势力殊。

亦自恃强更凌弱，曾无左右互交于。

右足无力，常受左足压抑，夜眠时尤甚。

坐欲起时如负重，卧难安处渐成窝。

还能掉臂牵长缆，恰似拏舟好过河。

余以布带系于床栏以便攀援，名之曰手缆。

痛痒相关同一觉，痛犹可忍痒难熬。

纵能乞得麻姑爪，眼鼻将从何处搔？

皮肤作痒，时窜至左方鼻观眼眶，无可爬搔，惟有忍受而已。

疾痛全从醒后觉，平安转向梦中求。

莫教便煮黄粱熟，留我片时身自由。

梦中行动与平时无异，喜甚，以为病已愈矣。谁知转瞬成空。

世间无物非非物，传云二竖究为何。

膏肓应是元神宅，我悟生人病有魔。

病中种种怪异层见迭出，余以为魔理或然欤。

哀乐犹人原不异，无端控制失中心。

骤逢快意言偏涩，偶触悲怀涕不禁。

有时啼笑不能自主，似将成痴。家人咸以为忧。然实病也，非痴也。余故特著之以为同病者告，并为同病之侍疾者告。

终年菌簟适温凉，看护劳劳日夕忙。

最是恼人惟屎溺，愿闻道在问蒙庄。

见庄子《知北游》篇。左肢全废，举动需人。深夜尤为苦事。

癸巳岁暮再告存（1954年1月）

微躯撑拄又三年，弹指光阴境屡迁。

为报亲朋勤问讯，夕阳红好尚依然。

预期计划盈三五，社会主义万般新。

愿留老眼觇新国，我倘能为百岁人。

海盐张元济

十七

伯涵仁兄亲家大鉴：谨订于本月十二日午后七时，薄具菲酌，恳乞惠临一叙，并请贤嫂夫人[1]挈同令媛光降，藉联戚谊，共接清潭。专此奉邀，伏维同鉴。

姻弟张元济率子媳同启　（1954年）二月十一日

十八

伯涵先生亲翁惠鉴：昨设菲筵，奉攀玉趾，辱蒙光降，欣幸无涯。元济以躬婴疾疢，未能致敬，乃承贤伉俪折节先施，儿辈又未在侧，无人答礼，元济惭歉万分，唯有俯首自咎而已。嗣又以病躯孱弱，艰于久坐，未获终陪，匆匆退席，过形疏慢，负疚滋深。适值贤嫂夫人福体违和，不致因增劳顿否？敬念敬念。孙女今晨登程，复蒙提挈至站，畀以指导，尤用感谢，专此道歉，统维鉴宥。顺颂俪安。

张元济谨上　（1954年）二月十三日

---

1 即文涵秋（1897—1980），江苏苏州人。

十九

伯涵先生亲家惠鉴：前日肃上寸函，并呈旧书数种。又《涉园丛刊》及诗篇，知荷察存。先始祖遗著《横浦文集》昨已检得，今补呈，仍乞惠存。又得珑孙信，知进修功课（除教课外）甚忙，每日练习口语兼英文写作，是尚知自励，谨闻。顺颂俪安。

弟张元济顿首　（1954年）三月六日

二十

伯涵先生亲家惠鉴：奉本月六日手教，并荷涵芬信笺书筒之赐，谨领祗谢。前呈家刻旧本数种，承示将于阅后发还，寓中尚存数本，尽敷诵习，务乞惠存，万勿掷还。先始祖尚著有《中庸说》、《孟子传》两种，自宋迄清，均未复刻，弟觅得宋刊原本，均已不全。商务印书馆彼时物力从容，同时景印数百部，藉资流播，今各检呈一部，敬祈浏览。弟仰承梫海，未至数典忘祖，差幸先后刊印，稍广流传。今移存邮架，兼供后生讲习，守先待后，遗泽长存。亦吾两家嘉话也。承示瑞骅将赴润河集勘察闸门工程，如尚未起行，明日星期拟约来寓一谈，即在敝处便饭（闻已起程，未知何时可归，仍乞见示）。能否过我，并乞电示。专此。祗颂俪福。

弟张元济谨上　（1954年）三月十三日

二十一

伯涵仁姻兄阁下：前日辱荷枉临存问，至深感谢。昨奉手教，并颁到《与众曲谱》全部，展诵谨悉。《虎囊弹》全剧今仅存《山门》一折，如此佳文竟至完全散佚，甚可惜也。《与众曲谱》谨缴还，即乞收回是幸。瑞骅日内已否稍闲？睡眠能补足否？甚以为念。珑孙何日南下，尚无来信。知念附陈，敬颂俪福。

弟张元济顿首　（1954年）七月十六日

二十二

伯涵仁兄亲家惠鉴：奉昨日手教，祗悉。梅雨连绵，令人郁闷，再一二日可放晴霁矣。简笔字利便甚微，今日报载"毛主席欢宴胡志明"，若作"歡"字用，未免令人不怡。弟意有许多字却可改简，但此非一蹴可成，只可与知者道，难与俗人言也。昨得黄葆同夫妇[1]来信，中述及现在留美学生行止事宜，并称亦已告知瑞骅，想府报亦经道及矣。小孙毕卒业考试业经竣事，尚无大误，即日可得报告，承注附陈，乞鉴。专此。敬颂台祉。

弟张元济顿首 （1955年）七月九日

二十三

伯涵先生阁下：久企芳仪，末由亲炙，前友人何君交到大箸，属陈管蠡，不揣冒昧，妄贡刍荛，乃蒙采择。昨奉手教，知已付印，并发下五十叶，命代传播，遵当分赠朋好，藉副雅意。专肃布复，祗颂秋祺。

愚弟张元济顿首 十月十日

---

1 即黄葆同和冯之榴夫妇。黄葆同（1921—2005），上海市人。著名高分子化学家。冯之榴（1921—？），浙江海盐人。张元淑孙女。著名高分子物理学家。

耆老令名播远方，新知旧学细评量。岁寒劲节比松柏，政教鸿畐作栋梁。事业辉煌孚众望，文章绚烂吐光芒。茑萝何幸依乔木，海屋添筹情更长。敬赋小诗一律，祝菊生太亲翁九旬荣庆。姻晚李伯涵谨贺。

张元济九十寿庆，李廷燮题赠贺诗一律。

释文：耆老令名播远方，新知旧学细评量。岁寒劲节比松柏，政教鸿畐作栋梁。事业辉煌孚众望，文章绚烂吐光芒。茑萝何幸依乔木，海屋添筹情更长。敬赋小诗一律，祝菊生太亲翁九旬荣庆。姻晚李伯涵谨贺。